JN410286

이한재 수필집

행복한 사람은 발걸음이 가볍다

행복한 사람은 발걸음이 가볍다

이한재 수필집

1판 1쇄 인쇄/ 2017년 5월 15일
1판 1쇄 발행/ 2017년 5월 20일

지은이 / 이 한 재
펴낸이 / 우 희 정
펴낸곳 / 도서출판 소소리

등록 / 제300-2007-21호
03073 서울 종로구 성균관로5길 39-16
전화 / 765-5663, 010-4265-5663
e-mail: sosori39@hanmail.net
www.sosori.net

값 12,000 원

*잘못된 책은 바꿔드립니다.

ISBN 979- 11- 5891- 075- 4 03810

행복한 사람은 발걸음이 가볍다

이한재 수필집

책을 내면서

제 글의 애독자는 모두 아홉 명입니다.

그중에서도 제1의 애독자는 단연 어머니입니다. 그 다음은 아내이며 두 딸과 두 사위가 뒤를 잇고, 또 세 손자도 끼워 줍니다. 나는 이들을 위해 글을 쓰고 이들의 얘기로 글을 만들었습니다.

이들 외에 몇 명 더 보태면 형님과 동생들, 장인 장모님과 동서들, 교회 목사님을 비롯한 몇몇의 교우님을 들겠습니다. 부끄러운 마음으로 이 책을 바칩니다.

그리고 제 글의 기본 주제는 '행복 찾기'입니다.

물론 한 편 한 편의 글마다 나름대로의 주제가 있지만 전체적인 주제는 행복 찾기에 두었습니다. 누군가 이 글을 읽고 조금이나마 행복해진다면 내 작업은 보람될 것입니다.

그렇다면 어떻게 살아야 행복해질 수 있을까요?

사람마다 다르겠지만 저는 네 가지 방법으로 접근해 보렵니다.

어머니와 함께 추억의 세상으로 들어가서, 아내와는 사랑의 탑을 쌓아가면서, 두 딸과 두 사위에게는 꿈을 가지는 삶을 권하고, 그리고 세 손자는 어울려 살면서 그 속에서 행복을 찾으라고 말해주렵니다.

혹시라도 나처럼 어머니를 그리워하고, 아내를 사랑하며, 또 자식들의 앞날을 위해 기도하고, 손자들의 자라남을 기뻐하는 사람이 있다면, 그분들에게도 이 글을 바치고 싶습니다.

그리고 상상해 봅니다.

어쩌면 행복한 사람은 발걸음이 가벼울 거라고.

2017년 봄

저자 **이한재**

▷ 차 례

1부

2부

3부

4부

5부

1부

아홉 명의 애독자 중에서도 단연 1위이신 어머니.
계간 『창작수필』에 실리는 내 글을 읽기 위해 3개월을 기다리시고,
별로 대단찮은 글을 읽고서도 눈물을 줄줄 흘리시는 어머니.
어머니와 내가 공유하는 감정은 추억이 아닐까요?

어머니, 이제 저와 함께
옛날의 그 가난했지만 사랑이 넘쳤던,
비록 가난했어도 꿈과 소망이 있었던,
그리고 가난 속에서도 어울려서 즐겁게 살았던 그때를 더듬어봅시다.

너른 마당엔 채송화와 샐비어가 지천이고
헛간 뒤쪽에 꽈리가 숨어서 익어가던 그 집.

올해는 늙은 감나무에 감이 몇 개나 달렸을까요? 열 접? 열다섯 접?

어머니와 함께

추억을 찾는 길은 발걸음이 가볍다

|| 나의 살던 고향은 || 꽃밭에서 || 어두일미 || 추어탕 || 먼저 익는 것 먼저 먹고 || 모야 모야 || 가요 무대 || 대목장 풍경 || 어처구니 || 받지 않더라도 || 한여름 밤의 꿈 || 성탄절 추억 ||

나의 살던 고향은

아버지가 돌아가시자 우리 가족은 고향을 떠나 뿔뿔이 흩어졌다. 어머니는 막내 둘을 데리고 진주(晋州)로 가셨고, 나를 비롯한 4형제는 직장 따라 학교 따라 서울로, 부산으로 또 대구로 떠났다.

그렇게 떠나온 고향, 내가 살던 고향도 꽃피는 산골이었다. 비록 복숭아꽃 살구꽃은 없었으나 진달래는 지천이었다. 그 진달래가 봄을 몰고 온 건가, 봄이 진달래를 끌고 온 건가. 뒷산은 온통 분홍색으로 물들었다. 그런가 하면 봄은 또 제비와 함께 왔다. 오자마자 처마 끝에 집을 짓고 지지배배 수다를 떠는 제비들. 그 소리에 적막했던 마을이 깨어난다.

양지바른 언덕에선 쑥이 쑥쑥 자라나고, 논둑 밭둑에선 자운

영과 민들레가 아름다움을 뽐내지만, 봄 벌판의 주인은 어디까지나 보리다. 지나가는 바람이 초록의 바다를 온통 춤판으로 만들어 흥을 돋운다. 봄은 이렇게 싱싱한 보리와 함께 무르익고, 아른거리는 아지랑이 속에서 깊어 간다.

물론 그 봄은 마을에도 왔다. 40호 남짓한 초가집이 옹기종기 붙어 있는 마을. 얕은 돌담이 집과 집을 나누지만, 그저 갓 태어난 병아리가 멀리 가지 못 하게만 할 뿐이다. 다른 한 편 그 돌담은 인정(人情)의 고개이기도 했다. 이 집에서 떡을 하면 아이들 먹이라고 한 그릇이 넘어가고, 또 그 집에서 고깃국을 끓이면 할머니 드리라고 한 그릇이 넘어오니.

그러다 감꽃이 떨어지던 어느 봄날 우리는 그곳을 떠났다. 그 평화롭던 풍경도, 아름답던 풍속도, 정답던 친구도 다 남겨 둔 채. 나도 남들처럼 '언젠가는 다시 오겠다.'는 다짐을 묻어 두고 왔지만, 어머니께서는 좀 더 구체적이셨다. "물 좋은 곳에 논 닷 마지기만 있으면…." 하시며 그곳에 당신의 소망을 두고 떠나오셨다. 그래도 우리 형제는 아무도 그 말씀을 귀담아듣지 않았다. 그것이 어머니의 꿈인 줄 알지 못했기에.

마을 뒷산의 이름은 반룡산이다. 주봉(主峰)인 시루봉은 높이가 230m로, 천지개벽 때 꼭대기가 떡 시루만큼 남아서 그렇게 불렸다고 한다. 그러나 그 산이 변했다. 고속도로가 지나가면서 산을 횡으로 갈라놓았고, 기슭에 옹기종기 모여 정겹던 초가집들은 마치 좀비라도 나올 것 같은 엉성한 블록 건물들로 바뀌었다.

산하(山河)와 더불어 사람도 변해버렸다. 그곳을 떠난 후 30여 년을 서울로, 부산으로 또 제주도로 이사를 하면서도 고향으로는 돌아가지 못했는데, 그 세월이 너무 길었나 보다. 이웃에서 같이 정을 나누던 사람도, 담을 넘나들던 그 인정도 찾아볼 수 없으니. 뿐만 아니라 봄마저 바뀌었다. 새끼 제비의 재잘거림을 이제는 들을 수 없고, 싱싱하던 초록의 벌판엔 칙칙한 비닐하우스만 잔뜩 웅크리고 있다. 그 사이로 불던 바람도, 또 아지랑이도 다 사라졌다. 이렇게 모든 것이 다 바뀐 그곳은 더는 내 고향이 아니었다.

그래도 어머니에게는 아니었던 모양이다. 막내 여동생과 함께 잠깐잠깐 들러 당신의 친정 식구들을 만나는가 하면, 옛날의 마을 사람들과 계(契)를 만들어 교분을 이어오고 있었다. 그 옛날을 그렇게 기다리셨다니….

그러나 달리 생각해보면 변한 것은 고향이 아니라 바로 나였다. 고향은 어쩌다 한두 번 들르는 사람에게는 속을 보여주지 않는다. 그곳에 들어가 살 때야 비로소 본 모습을 드러내고, 그곳의 산하(山河)에 내 땀과 피가 섞일 때야 참 얼굴을 보여준다는 것을 알지 못했다.

그런데도 겉모습만 보고 고향이 변했다고 생각한 내가 얼마나 어리석었던가. 또 내가 고향을 그리워하는 그 마음조차 거짓이요, 위선이었다. 내 마음은 고향에 돌아가 그 사람들과 정을 나누며 살고 싶은 것이 아니라, 단지 비단옷 입은 내 모습을 자랑하고 싶었을 뿐이었으니.

그런 나와는 달리 어머니는 진심으로 고향에 돌아가 살고 싶었던 것 같다. 초가집 한 채와 한두 마지기의 논만 있었더라도 그렇게 하시지 않았을까? 농사를 통한 소득이 아니라 농촌의 삶을 원했던 어머니. 비록 직접 일을 못 하시더라도, 같이 계획을 세우고 같이 걱정을 하며 어울려 살고 싶었던 그 마음을 왜 헤아리지 못했을까? 그것만으로도 어머니는 행복하셨을 텐데. 투자의 효율성을 따지고 어머니의 건강을 위한다는 핑계를 대며 어머니의 꿈을 이루어드리지 못한 것이 이제 와 가슴을 치게 만들 줄은 정말 몰랐다.

정원에 철쭉이 피었으니 올해도 봄이 왔다. 활짝 웃는 꽃을 보니 또 다시 고향이 생각난다. 고향을 떠나던 모습과 더불어 어머니 모습도 떠오른다. 그 소박한 꿈마저 이루지 못하고 세상을 떠나신 어머니. 당신의 꿈을 진작 알았더라면 이렇게 가슴 치며 후회하지 않을 텐데.

언젠가는 고향에 한 번 다녀와야겠다. 그리고 그곳에 묻어 두었던 내 약속을 파내어 날려 보내야겠다. 어머니의 소망도 함께.

(2016. 1. 11)

* 경상남도 김해시 oo면 xx리. 우리 집 뒤는 바로 산이고, 앞으로 몇 집만 지나면 김해평야의 한 자락이 펼쳐진다. 대밭과 감나무가 유난히 많았던 그곳이 차마….

꽃밭에서

♪아빠하고 나하고 만든 꽃밭에, 채송화도 봉숭아도 한창입니다.
아빠가 매어놓은 새끼줄 따라, 나팔꽃도 어울리게 피었습니다.♪

어효선 작사, 권길상 작곡의 '꽃밭에서'란 동요다. 나는 두 분에 대해서도, 또 노래에 얽힌 사연이나 배경에 대해서도 따로 아는 것은 없다. 그저 이 노래를 듣다 보면 옛날이 생각나고 그리움에 빠져들기에 좋아한다.

어릴 때의 우리 집 꽃밭에도 여름이면 채송화와 봉숭아 그리고 나팔꽃이 피었다. 그러나 채송화와 나팔꽃은 어울리진 않았다. 나팔꽃은 새벽이슬과 함께 피고 졌지만, 채송화는 해가 뜬 후에야 꽃잎을 벌렸으므로.

그때 그 꽃밭의 주인공은 단연 함박꽃이었다. 함박꽃은 여러해살이 식물이라, 한 번만 심어두면 해마다 저절로 싹이 나고 꽃이 핀다. 진초록 잎을 배경으로 태양 아래 활짝 웃고 있는 자태는 물론, 아침 이슬에 함초롬히 젖은 모습이나 비바람에 흐트러진 모습까지도 아름답기만 하다. 그러나 뿌리가 한약재로 쓰이므로 결국 팔려가 버렸다.

우리 꽃밭의 전성기는 내 중학교 때였다. 인근의 농업고등학교로 진학한 형이 그곳에서 여러 가지 서양화(西洋花)를 가져다 심은 것이다. 달리아, 글라디올러스, 칸나, 샐비어, 피튜니아 등 이름도 처음 듣는 꽃들이다.

형은 달리아를 특히 좋아하여 10여 종이나 심었다. 빨간색, 흰색, 알록달록한 색, 그리고 모양도 통꽃과 갈래꽃이 다 있었다. 그중에도 단연 돋보이는 것은 단 한 포기뿐인 보라색 달리아로, 꽃이 워낙 커서 냉면 사발만 했다. 크기뿐만 아니라 모습도 우아하고 색깔까지 화려하니, 순식간에 꽃밭의 왕좌를 차지했다.

인근에서 구경꾼들이 몰려들고, 너도나도 구근(球根)을 예약했다. 그러나 꽃도 너무 화려하면 오래가지 못하는가 보다. 늦가을에 구근(球根)을 캐보니 다 썩어 있었다. 정말 안타까웠다.

꽃을 좋아하던 형이 고향을 떠나자 꽃밭은 점점 관심에서 멀어졌지만, 채송화와 샐비어만은 끝까지 살아남았다. 한해살이 꽃인데도 들풀처럼 스스로 씨를 뿌리고 스스로 싹을 내어 꽃을 피웠다. 왕성한 번식력으로 온 마당과 골목까지 다 차지했다. 발 디딜 틈도 없이.

이처럼 우리 집에 꽃밭을 만든 것은 아버지가 아니셨다. 이사 와서 여기저기 빈터에 꽃과 나무를 심기는 하셨지만, 본격적으로 꽃밭을 만든 것은 형이었다. 형은 텃밭 일부와 마당의 한쪽에, 그곳에 채소를 심기를 원하시는 할머니를 졸라서, 꽃밭을 만들었다. 이렇게 만든 꽃밭은 우리 마을에서 가장 아름다운 꽃밭이었다.

그러나 아버지께서는 그보다 더 좋은, 어쩌면 세계에서 제일 좋은, 특별한 꽃밭을 만드셨다. 온 집을 꽃밭으로 삼아 그곳에다 사랑의 씨를 뿌리고, 행복의 꽃을 가꾸셨다. 그리고 날마다 웃음의 꽃을 피우셨다. 물론 그 사랑의 꽃밭에서 가장 아름다운 꽃은 바로 5남 1녀의 형제들이었다. 우리는 거기서 함박꽃보다 더 싱싱하게, 달리아보다 더 아름답게, 샐비어나 채송화처럼 건강하게 자라났다.

'공부하라'는 말 대신, 늘 우리와 같이 놀아주시던 아버지. 당당하게 홀로서기를 가르쳐주신 아버지. 형제간에는 의좋게 살기를 바라시던 그 아버지의 얼굴이 꽃과 함께 떠오른다. 세파에 시달리고, 직장 일에 쫓기던 얼마 전까지만 해도 아버지의 이런 뜻을 알지 못했다. 그러나 지금은 조금 알 것도 같다. 이제 내 손자들이나마 꽃을 보며 살고 꽃과 같이 아름답게 살게 해야겠다.

삶이 함박꽃처럼 값나간다고 좋은 것 아니다. 달리아처럼 화려하다고 행복한 것은 더욱 아니다. 추운 겨울을 이겨내고 스스로 꽃을 피우는 채송화나 샐비어처럼 건강하게, 또 함께 어울려 의좋게 사는 것이 더 바람직하지 않은가? 보는 사람에게 잔잔한 기쁨을 나눠주면서.

이번 어린이날엔 샐비어 화분을 만들어 하나씩 나누어 주어야겠다.

(2009. 3. 12)

* 사람은 가고 집도 사라졌지만, 대발은 지금도 남아있고, 마당의 채송화와 샐비어도 오랫동안 피고 지곤 했다. 그 일부를 부산으로 옮겼으나 몇 년을 넘기지 못했다.

어두일미

점점 사라지는 말 중에 어두일미(魚頭一味)란 말이 있다. 생선의 머리가 다른 부분보다 더 맛있다는 뜻이다. 또 이와 비슷한 의미의 어두육미(魚頭肉尾)란 말은 생선은 머리가, 짐승은 꼬리가 더 맛있다는 뜻이다. 과연 근거가 있는 말인가? 하긴 대구탕보다 대구머리탕이, 곰탕보다 꼬리곰탕이 더 비싸기는 하지만.

부산의 동쪽 끝인 기장에 살고 계시는 어머니는 내가 내려갈 때마다 그곳의 특산물인 갈치를 사주신다. 바다 냄새가 물씬 풍기는 재래시장에서 크고 싱싱한 갈치를 몇 마리 사서는 토막을 내고 간을 맞춘 다음 돌아올 때 차에 실어 주신다. 머리 부분은 떼어 놓고.

생선값을 내가 내려고 해도, 몇 토막을 남겨 두려고 해도 막무가내이신 어머니. 당신 잡수실 것은 따로 있다며 가리키는 것이 떼어놓은 머리 부분이고, 이때 하시는 말씀이 '어두일미'다. 옛말에 '자식을 이기는 부모는 없다.'고 하지만 이럴 때의 어머니는 절대로 자식에게 지지 않으신다.

그러나 이 갈치가 내 밥상에 나올 때는 중간 부분이 달아나 버리고 꼬리 부분만 올라온다. 가만히 보면 굵고 살진 중간 토막은 손자 앞에 턱 놓여 있다. 또 이때 아내가 하는 말이 '어두일미(魚頭一尾)'다. 우리 집에서만 쓰이는 신조어(新造語)로 생선은 머리와 꼬리가 같이 맛있다는 다소 억지스러운 해석이다. 혹시라도 어머니께서 이 사실을 - 아들 먹으라고 정성으로 사주신 생선이 다른 사람(?)의 밥상에 올라간다는 것을 - 알면 가슴 아파하실 것 같아 하소연도 못 하고 끙끙 앓기만 한다.

경제가 몹시 어려웠던 50~60년대에는 5일마다 돌아오는 장날이 되어야 갈치나 고등어 한두 마리를 구경할 수 있었고, 그때도 머리 부분은 어머니 차지였으니 우리 집 어두일미의 역사는 꽤 오래되는 편이다. 그러나 이제는 집안 형편도 훨씬 좋아져 갈치 한 토막은 아무 때나 드실 수 있는데도 어머니께서는 여전히 어두일미를 주장하신다.

흔히 음식 맛을 말할 때는 5미(味)를 든다. 맵고, 짜고, 시고, 쓰고, 단맛을 두고 하는 말이다. 그 외에도 떫거나 고소한 것을 맛으로 들기도 한다. 그러나 맵거나 떫은 것은 피부 감각이고, 고소한 것은 냄새일 뿐, 맛이 아니라는 주장이 더 설득력이 있다. 어쨌든 생선의 머리 부분이 맛이 좋다고 할 때는 5미 중 무슨 맛이 더 좋은지 궁금하다. 단맛이? 짠맛이? 아니면 신맛이? 아무리 생각해봐도 머리에 별 맛이 있을 것 같지가 않다.

또 음식의 맛이란 것이 양념에 따라 달라지기도 하니, 머리 부분이 양념을 잘 받아들이는가 생각해 보지만 특별히 그런 것 같지도 않다. 오히려 몸통 부분이 더 잘 받아들일 것 같다.

그렇다면 왜 머리 부분을 더 맛있다고 할까? 한 가지 떠오르는 것은 그 부분의 살이 다른 부분보다 더 졸깃졸깃하다는 생각이다. 졸깃졸깃한 것을 맛이라고 한다면 머리 부분이 더 좋을 것도 같다. 거친 물살을 헤치고 앞으로 나가는 생선은 머리 쪽의 근육이 더 발달할 것이니…. 그렇다 하더라도 머리에는 먹을 수 있는 살이 거의 없지 않은가?

거듭 생각해 봐도 어두가 일미일 까닭을 찾을 수가 없다. 수라상에 생선 머리를 올렸다는 얘기를 들은 적도, 할아버지나 아버지 밥상에 생선 머리가 올라가는 것을 본 적도 없다. 다만, 자식에게 좋은 부분을 먹이시려는 어머니가, 그것도 가난한 집의 어머니가 별로 먹을 것도 없는 머리 부분을 차지하며 하시는 말씀이 '어두일미'일 뿐이다. 어머니의 뜨거운 사랑이 자식의 어설픈 효도를 누를 때 쓰이는 말이다.

어두일미라 할 때의 그 맛은 생선의 맛이 아닐 것이다. 또 짜거나 시거나 달아서 맛이 좋다는 것도 아닐 것이다. 그것은 사랑의 맛이 아닐까? 자식에게 좋은 것을 주었다는 뿌듯함과 자식이 달게 먹는 것을 보는 기쁨의 맛이리라. 결코, 입으로는 느낄 수 없고 오직 가슴으로만 느끼는 그런 맛일 것 같다.

갈치 꼬리를 앞에 두고 어머니의 주름진 얼굴을 본다. 가슴이 뭉클해지고 눈시울이 뜨거워지는 것은 새삼스레 당신의 희생을 깨닫기 때문이다. 그러나 어찌 어머니뿐이겠는가? 아내가 나에게 꼬리를 주고 손자에게 중간 토막을 주는 것도 똑같은 이치리라.

'효도란 부모의 마음을 편케 하는 것을 제일로 친다.'는 어머니의 말씀 때문에 고집을 부리지 못하고 그냥 온 것이 후회된다. 보고 싶은 어머니!

(2009. 11. 28)

* 흔히 어두일미라지만, 그렇다면 어두 중엔 또 어느 부분이 더 맛있을까? 정답은 왼쪽 볼이다. 북태평양에서 내려오는 생선은 왼쪽이 태평양의 파도와 맞부딪치므로…. -믿거나 말거나

추어탕

"이제 추어탕이 옛 맛이 나지 않아 끓이지 않았다."

어머니의 말씀에 가슴이 뭉클해졌다. 온 가족이 모이는 설이나 추석에는 늘 추어탕을 끓여 주시던 어머니셨기에, '끓이지 않은 것이 맛 때문이 아니라, 어머니의 기력(氣力) 때문이 아닐까?'라는 생각마저 들었다. 나아가 '다시는 어머님이 끓여 주시는 추어탕을 먹지 못할지도 모른다.'는 두려움도 생겼다.

집에서 끓인 추어탕이 무슨 대단한 맛이 있느냐 할지 모르지만, 어머니의 추어탕은 정말 맛있다. 어머니만의 비법이 있었다. 어머니는 주재료인 미꾸라지 고르기부터 매우 까다로우시다. 절대로 양식 미꾸라지나 수입 미꾸라지를 사용하지 않으시고 자연산만 고집하신다. 변두리 재래시장에서 주로 구하지만, 때로는 인근 마을의 오일장에까지 들르신다.

또 하나는 향신료로 쓰시는 산초와 방아 잎을 들 수 있겠다. 산초란 영남 지방에서 음식에 톡 쏘는 맛을 낼 때 쓰는 양념으로 초피나무의 열매껍질을 갈아 만든다. 시중에서는 열매와 껍질을 함께 갈아 만들기 때문에 텁텁하고 맛이 떨어지지만, 어머니는 한 톨 한 톨 '쌀에서 뉘를 고르듯' 열매는 다 골라내고 껍질만 갈아 만들기 때문에 신선하고 맛이 강하다.

그리고 방아는 깻잎같이 생긴 방아풀의 잎으로, 독특한 향기가 있어 생선 비린내를 없애는데 주로 쓰인다. 어머니는 이사하실 때마다 집 근처에 한두 그루 심어두고, 싱싱하고 연한 잎만 따다 요리에 사용하셨다. 톡 쏘는 맛으로 혀를 아릿하게 하고 또 비린내를 없애 입안을 개운하게 해주는 산초와 방아가 들어가지 않는 추어탕이란 생각조차 할 수 없다.

우리 집 추어탕은 내력이 아주 오래다. 해방과 6·25전쟁을 겪는 동안은 너도나도 살기 어려운 때였다. 시골에선 하루 세 끼 밥을 먹는 집이 드물고, 해마다 보릿고개를 넘지 못해 굶어 죽는 사람도 있었다. 아버지께서 시골 중학교의 교편을 잡고 계셨기에 굶고 자라지는 않았지만, 고기반찬은 명절이나 제사 때만 구경했고, 생선도 장날 저녁에만 먹을 수 있었다. 그런 환경에서도 자식들의 영양 보충을 생각하여 여름에는 마을 사람들이 잡아오는 미꾸라지로 추어탕을, 겨울에는 고등어를 사다가 국을, 속칭 고등어 추어탕을 끓여 주셨다.

미꾸라지는 단백질과 칼슘과 비타민이 풍부하여 한방에서도 최고급의 보양 식품으로 쓰이고, 고등어도 등 푸른 생선으로 영양이 좋다고 알려졌으니, 자식을 위해 좋은 것을 찾으시는 어머니의 눈길을 벗어날 수 없었으리라. 아무튼, 그 후로도 학교다 직장이다 해서 객지를 떠돌다가 일 년에 한두 번씩 찾아오는 아들을 위해 만들어 주시기를 50년을 훌쩍 넘었으니 나름의 솜씨를 가졌을 것이다.

2년 후면 미수(米壽)가 되는 어머니는 부산의 동쪽 끝 기장에 사신다. 지금은 물론이고 아버지께서 살아계셨던 옛날에도, 우리 집 식사 분위기는 언제나 자유롭고 화기애애했다. 형제가 많다 보니 밥상머리는 전쟁터 같았다.

"왜 형님 오실 때만 추어탕을 해주세요?"

"넌 왜 양념을 그렇게 많이 넣느냐?"

투정도 하고, 어머니 말씀을 가로채기도 하고, 그릇을 내밀며 더 달라고 조르기도 한다. 그렇지 않아도 자식들에게 더 주시려고, 충분한 양을 준비해 두시고도 행여나 모자랄까 항상 먼저 숟가락을 놓으시는 어머니시다.

이러시는 어머니에게 그러시지 말라고 항의라도 하면 '자기

논에 물 들어가는 것과 자식 입에 밥 들어가는 것보다 보기 좋은 일이 없다.'란 말씀으로 우리의 항의를 일축하셨다. 음식의 맛은 먹을 때의 분위기에도 크게 좌우된다. 온 가족이 한자리에 모여 즐겁게 먹는 음식이, 그리고 어머니의 사랑과 함께하는 음식이 어찌 맛이 나지 않으랴.

세월 따라 환경 따라 음식에 대한 사람의 기호도 바뀌는 것인가? 내가 처음 서울에 올라왔던 60년대 초, 서울에는 산초나 방아를 쓰는 추어탕 집이 하나도 없었고, 주문해도 무슨 말인지 알아듣지도 못했는데, 최근에는 많은 집에서 산초와 방아를 사용하고 있다. 그렇지만 맛은 아직도 어머니 추어탕보다는 훨씬 못하다. 거기에는 재료나 양념만으로는 낼 수 없고, 또 세월에도 환경에도 변하지 않는, 고유한 그리고 깊은 맛이 있기 때문이다.

어머니의 추어탕은 우리가 튼튼하게 자라기를 바라시는 당신의 간절한 소망이자 뜨거운 정성이었다. 평생에 걸쳐 모든 것을 다 주시고도 더 줄 게 없나 찾으시다가, 마지막으로 내주시는 당신의 눈물겨운 희생이고 사랑이기에, 가슴으로만 맛을 알 수 있는 특별한 음식이다.

내가 내려갈 때마다 늘 준비해 놓으시던 추어탕. 가는 날 저녁부터 돌아오기 직전까지 늘 밥상에 올려놓으시던 그 추어탕을 끝내 먹지 못하고 떠나게 되어 너무 아쉬웠다. 맛이 없으면 어떠랴. 옛 맛이 나지 않으면 또 어떠랴. 추어탕 속에서 찾는 것이 맛이나 영양이 아니라 어머니 바로 당신의 사랑인데.

"어머니! 오는 추석에는 꼭 추어탕 끓여 주세요."

(2008. 4. 8)

* 장마철 비가 개면 소쿠리를 들고 개울을 누볐다. 한 사발 남짓 미꾸라지를 잡는 데 세탁비가 더 들었다. 그래도 대견해 하시던 어머니 모습이 눈에 삼삼하다.

먼저 익는 놈 먼저 먹고

- 할머니의 노래 -

옥수수는 참 이상한 식물이다. 벼나 보리, 사과나 배 그리고 길가의 야생화에 이르기까지 거의 모든 식물이 꽃이 피고 떨어진 그 자리에 열매나 씨를 맺는데, 옥수수만은 꽃과는 동떨어진 줄기와 잎 사이에 열매를 맺는다. 이상하지 않는가? 옥수수 외에도 이런 식물이 있는가?

그러나 내가 옥수수를 좋아하는 것은 그 사실이 신기해서도, 그 맛이 좋아서만도 아니다. 옥수수를 먹을 때면 할머니 생각이 나기 때문이다.

요즈음같이 더위가 한창일 때, 선풍기 앞에서 갓 삶은 옥수수를 훅훅 불어가며 먹는 맛도 좋지만, 별이 총총한 밤, 마당

가운데 평상을 놓고 온 가족이 둘러앉아 먹던 어릴 때의 그 맛과는 비교할 수 없다. 한 광주리 내놔 봐야 형제들이 한 개씩만 잡으면 대여섯 개가 금방 없어졌다. 그럴 때도 할머니는 제일 늦게, 제일 작은 것을 집으셨다. 할머니께서 왜 그러시는지는 생각 않고 우리는 손에 든 것을 다 먹기도 전에 남은 것을 또 집어 들었다. 할머니나 아버지, 어머니께서 드셨는지는 안중에 없었고.

우리 집은 산을 등지고 있는, 동향의 세 칸짜리 초가집이었다. 집 앞은 마당이고, 마당의 좌우로 텃밭이 있었다. 왼쪽 밭은 햇볕이 많이 들어 봄, 여름에는 오이, 가지, 고추 같은 푸성귀를 심었고, 가을에는 김장용 배추나 무를 심었다. 오른쪽 밭은 그늘이 많이 져서 채소도 꽃도 잘 자라지 않는데, 할머니께서는 해마다 그곳에 옥수수를 심으셨다. 손자들의 군것질거리를 만들기 위해.

겨우내 아이들의 놀이터가 되어 딱딱하게 다져진 땅인데도, 봄이면 손수 흙을 파고 옥수수를 심으시며 "먼저 익는 놈 먼저 먹고, 나중 익는 놈 나중 먹지."라고 하셨단다. 그러나 척박한 땅이라 옥수수가 많이 열리지는 않았던 것 같다. 한꺼번에 10여 개를 따는 것은 한두 차례에 불과하니, 온 가족이 둘러앉아 나눠 먹을 기회도 별로 없었다. 그저 할머니 말씀대로 먼저 익는 것은 먼저 따서 우리 형제들 입에 들어가고, 나중 익는 것은 나중 따서 역시 우리 입으로 들어가 버린다. 줄기 끝에 꽃이 피고 잎이 옆으로 축 늘어지면서 옥수수가 열리면, 그 수염이 채 마르기도 전에 우리 형제는 껍질을 살며시 헤쳐 보며 익기를 재촉했다.

할머니의 친정은 김해시(金海市) 상동면(上東面)으로 우리 집보다 훨씬 더 산골이다. 그곳은 논이 적고 밭이 많아 여름이면 각종 먹을거리가 풍부했다. 옥수수 외에도 수박, 참외, 감자, 복숭아 등 여러 가지 채소와 과일이 나므로, 할머니가 친정에 - 우리에겐 진외가(陳外家)에 - 다녀오실 때면 우리 형제들은 신이 났다. 수박이나 참외는 그때야 먹어 볼 수 있고 옥수수도 자루로 하나 가득 가져오시므로 온 가족이 여러 번을 나누어 먹을 수 있었다.

어쩌다 여름방학에 할머니를 따라 진외가에 가는 것은 최고의 즐거움이었다. 같은 김해시지만 바로 가는 차편은 없었고, 걸어가려도 높은 고개를 둘이나 넘어야 했다. 보통은 부산행 버스를 타고 구포(龜浦)로 간 후, 구포에서 경부선 상행 열차를 타고 원동(院洞)까지 간다. 그리고 원동역에서 기차를 내려 다시 배를 타고 낙동강을 건너면, 할머니의 친정인 상동면 여차리(余次里)가 나타난다. 어렸을 때는 기차를 타는 것도, 배를 타는 것도 그때뿐이었으니 이 얼마나 신나는 일이었던가.

그곳은 사방이 다 산으로 막힌 분지 형의 넓지 않은 땅으로, 그 일부만이 강 쪽으로 트여 있다. 시원한 강바람이 원두막을 덮치고, 쇄솨 소리를 내며 옥수수밭을 지나갈 때는 소리만 들어도 더위가 달아난다. 삼복(三伏)더위도 그곳에선 기를 펴지 못한다. 옥수수가 밭 하나 가득하게 서 있거나, 다른 밭의 둘레에 울타리처럼 서 있는 모습을 보면 내 마음도 넉넉해진다.

옥수수가 달린 모습은 마치 할머니가 손자를 업고 있는 모습과 비슷하다. 사실 우리 형제들은 어릴 때 거의 할머니 등에 업혀서 자랐다. 형제가 많았기에 동생이 태어나면, 그날로 어머니를 떠나 할머니와 함께 살아야 했다. 낮에 업어주셨고 잘 때 품어주시던 할머니. 어머니의 자장가보다 할머니의 자장가를 더 기억하고 있는 것은 그때 내가 좀 더 컸기 때문이리라.

"새는 새는 남게 자고, 쥐는 쥐는 궁게 자고…."

때때로 마주 보고 앉아서 손을 잡고 밀고 당기면서 '왈강달강*' 노래를 부르시거나, 일어서게 하여 왼발 오른발을 번갈아 디디는 '불미 불미*' 노래를 부르시며 같이 놀아 주시던 할머니. 그리고 할머니께서 옥수수를 따내고 아직 덜 마른 줄기를 잘라 주셨는데, 이를 씹으면 달콤한 물이 나왔다. 또 마른 줄기로는

---

* '왈강달강 서울 가서…'나 '불미 불미 불미야…'는 모두 전래동요로 불미는 '풀무'의 경상도 사투리임.

수수깡을 대신하여 안경을 만들어 주시기도 했고.

그 할머니에게도 손자들에 대한 소망이 하나 있었는데, 손자 다섯 중 하나가 원동역의 역무원이 되어, 할머니가 수화물을 마음껏 가져갈 수 있게 해 주는 것이었다. 수화물(手貨物)도 일정량을 넘으면 운송료를 내지 않고는 못 가져가게 했으므로.

할머니는 우리 할머니였지만 농사일이 바쁠 때는 동네의 모든 아이를 다 거둬주시는 동네 할머니기도 하셨다. 또 어떻게든지 이웃을 도와주시고, 무엇이든지 이웃에게 나눠 주시는, 아버지가 사다 드리는 담배까지도 며느리 몰래 나눠주시는, 사랑의 할머니셨다. 일찍 홀로되신 후 평생을 아들 하나 키우시며 온갖 고생을 다 하신 할머니, 그 할머니를 생각하면 지금도 마음이 애달파진다.

베틀에 앉아서 "울 엄마요 날 데려가소, 울 엄마요 날 데려가소." 하시던 그 노래인지 신세타령인지를 들을 때면 나는 마당에서 놀다가도 눈물을 흘렸다고 한다. 울면서 달려가 "할머니 엄마가 어디 있는데?" 하고 물었다고 했다.

교회에 나가고 싶어 하시면서도 연보 돈이 없어서 못 나가신 할머니. 비록 교회에는 나가지 못하셨더라도 사랑과 믿음은 있었으니 지금은 천국에 계시리라 믿고 싶다. 면죄부라도 있으면 사드리고 싶다. 교회 목사님이 들으면 '웬 소리냐?'고 하시겠지만.

옛날로 돌아가 온 가족이 함께 모여 옥수수를 먹을 수 있다면 얼마나 좋을까? 마당 한쪽에 모깃불을 피워놓고 평상에 둘러앉아 별을 헤아리며 할머니의 슬픈 노래도 들으면서.

지금이라면 울지 않을 자신이 있는데. 비록 역무원은 되지 못했지만 내가 한두 접 사갈 수도 있는데. 나아가 할머니와 마주 앉아 옥수수의 줄기 끝에 피는 꽃이 수꽃이고, 열매 끝에 매달린 수염이 암꽃이라고 알려 드리기도 할 텐데.

(2008. 9. 9)

* 2대 독자이자 유복자이신 아버지를 위해 평생을 희생하신 할머니. 그 할머니를 위해, 또 우리 6남매를 위해 당신의 꿈도 접고 평생을 그곳에서 보낸 아버지는 할머니 돌아가시자 바로 병이 들어 이듬해 돌아가셨다.

모야 모야

♪모야, 모야 노랑 모야, 네 언제 커서 열매 맺니?
이 달 크고 훗달 커서, 칠팔 월에 열매 맺지.♪

경남 김해 지방의 모심기노래다. 눈을 감으면 지금도 아련히 들릴 것 같은.

초여름 동향(東向) 마을엔 해도 빨리 뜬다. 그전에 일어나 아침상을 차려놓고, 자는 동생 깨워 젖을 먹인 어머니가 집을 나서신다. 골목에선 벌써 다른 모꾼들이 기다리고 있다. 새벽 어스름에 하얗게 빛나는 무논. 그 한쪽의 못자리엔 한 뼘쯤 자란 모가 빽빽이 서 있다. 이 모를 쪄서 단으로 묶자, 몇몇 남자가 못단을 지고 오늘 심을 논으로 간다. 동산에 아침 해가 떠오르면서 논은 금빛으로 변한다. 세상엔 아직도 희망이 있다는 것을 알려 주는 듯.

모심기는 5월 말과 6월 초순에 이루어진다. 온 들판의 모를 2~3주 안에 다 심어야 하므로 농촌은 눈코 뜰 새 없이 바쁘다. 마을의 노동력이 총동원된다. '부지깽이도 일어서야' 하고, '송장도 누워있을 틈'이 없다. 이런 형편이니 평소에 농사일을 하지 않으시는 어머니도 그냥 계실 수 없었다. 중학교 교사의 부인으로 늘 '사모님'이라 불리며, 부러움과 존경의 대상이었던 어머니. 처음엔 일이 서툴렀으나 워낙 일손이 부족한 때라 그래도 고마워했다.

작업은 줄잡이의 "어이" 하는 소리로부터 시작된다. 줄 앞에 띄엄띄엄 짝을 지어 섰던 모꾼들은 그 소리에 따라 일제히 허리를 굽혀 모를 심는다. 한 사람은 왼쪽으로, 다른 사람은 오른쪽으로. 그러다가 옆 사람을 만나면 그때야 허리를 펴고 일어선다. 그러면 줄이 한 칸 뒤로 옮겨지고, 이번엔 반대 방향으로 심어나가 처음 짝을 만난다. 이렇게 허리를 굽히고 일어서기를 온종일 반복했으니 얼마나 힘드셨을까? 특히 농사일이 몸에 배지 못한 어머니에게는.

휴식은 딱 세 번. 오전・오후의 새참과 점심시간으로, 식사를 곁들인 휴식이다. 그리고 아기에게 젖을 먹이는 시간이기도 하다. 어느 집이건 음식은 푸짐하다. 밥에는 쌀이 많이 섞였고, 반찬도 평시보단 훨씬 좋다. 때로 한두 잔의 술과 야한 농담으로 피로를 잊기도 하지만, 어머니는 그러지 않으셨다. 평생 술은 물론 화투 같은 잡기도 손대지 않으셨다.

한낮의 더위는 정말 만만치 않다. 땀이 줄줄 흐르나 흙 묻은 손으로 닦을 수도 없다. 거머리가 때를 만났다는 듯 종아리에 달라붙어 기승을 부린다. 옆 사람이 보는 대로 떼어 주지만 금방 또 달라붙는다. 그 괴로움을 잊으려는 듯, 한 사람이 노래를 시작한다. 슬픈 가락의 신세타령이다. 아니 마음의 고통으로 육신의 고통을 잊으려는 안타까운 몸부림인가.

♪물꼬랑 철철 열어놓고 주인 양반 어디 갔나?♪

다른 사람들은 모두 한 입으로 뒷소리를 한다.

♪문어랑 전복을 사서 들고 첩의 집에 놀러 갔지.♪

노랫말이 하나같이 여인의 한(恨)을 담고 있다. 여기저기서 울려 퍼지는 이 노랫소리에, 중천의 해도 마음이 무거운지 발걸음을 주춤거리며 하루를 더 길게 만든다. 그러나 그래도 끝은 있다. 이윽고 산 그림자가 마을을 덮고 벌판으로 내려오면 돌아가 저녁 준비를 해야 하는 아낙네들의 손과 발이 더 바빠진다. 모심기 노래도 점점 더 구슬퍼지고…. 논둑길 한쪽에서 새하얀 찔레꽃마저 소리 없이 울고 있다. 마치 여인의 한을 알아챈 듯.

과거 이 땅 여인들의 삶은 한(恨)의 연속이었다. 태어날 때부터 차별대우를 받아야 했고, 결혼도 자기 뜻과는 아무 상관없이 이루어졌다. 그리고 시집살이에서는 또 얼마나 많은 마음의 상처를 입었던가? 그 상처를 달랠 길도 그 설움을 하소연할 데도 없었으니 가슴에 켜켜이 쌓아둘 수밖에.

그리고 한은 육신이 힘들다고 생기는 것은 아니다. 오히려 부당하거나 불공정한 대우, 또는 비인격적인 처사에서 생기는 것 같다. '왜 내가? 왜 나만?'이란 질문에 대답을 얻지 못했을 때 한이 맺히는 것이다. 늘 기를 펴지 못한 채 살았고, 평생 인격적인 대우를 받지 못했으니 그 모두가 한으로 남았을 것이다.

다행히 어머니께서는 힘든 삶을 사셨지만, 한 많은 삶은 아니셨던 것 같다.

그래도 이런 힘든 일을 어머니께서는 어떻게 견뎌내셨을까? 체력이 좋아서? 술이나 노래 같은 다른 힘에 의지하여? 아니었을 것이다. 오직 나를 비롯한 우리 형제들을 잘 키우겠다는 희망으로 이 모든 어려움을 견디신 것 아닐까? 희망이야말로 고통을 잊게 해주는 약, 바로 마약이니까. 덕분에 우리 6남매가

다 대학을 나와 나름대로 잘살고 있다.

요즘은 옛날처럼 손으로 모를 심는 집은 거의 없다. 더불어 못밥도, 모심기 노래도 다 사라졌고. 이제는 연로(年老)하시고, 몸마저 불편하신 어머니. 평소엔 사람 만나는 것을 꺼리시지만, 그래도 옛날에 함께 모내기하던 사람들은 반갑게 만나신다. 그때가 그리워서일까?

앙상한 어머니의 손을 잡아본다. 그리고 올여름엔 어머니와 함께 고향에 한 번 들러야겠다고 다짐한다. 건강에 다소 좋지 않다고 하더라도 문제 삼지 않으리라. 짧은 시간, 아니 한순간만이라도 당신께서 행복을 느낄 수만 있다면 그렇게 할 것이다. 옛날의 그 못밥을 한 번 먹어볼 수 있고, 그 모내기 노래를 한 번 더 들을 수만 있다면….

(2013. 4. 22)

* 하얗게 먼지를 쓴 미루나무가 지나가는 버스에게 손을 흔들어 주는 신작로. 그 옆으로 여름과 가을엔 볏논이, 겨울과 봄엔 보리밭이 이어진다. 고향 가는 길.

가요 무대

♪어머님의 손을 놓고 돌아설 때엔 부엉새도 울었다오. 나도 울었소.♪

가수 현인의 대표곡 '비 내리는 고모령'의 한 소절이다. 또 있다.

♪머나먼 남쪽 하늘 아래 그리운 고향, 사랑하는 부모 형제 이 몸을 기다려.♪

가수 나훈아가 부른 '머나먼 고향'의 첫 부분이다.

이 밖에도 우리의 옛 가요에는 고향과 어머니를 그리워하는 노래가 많다. 일제 강점기에 고향을 빼앗겼고, 6·25전쟁으로 고향에서 쫓겨났으며, 그 후의 산업화 물결을 타고 고향을 떠난 결과가 아닐까? 하긴 요즘은 전국이 일일 생활권이고 모두가 핸드폰을 들고 다니니 고향이란 말에서 옛날처럼 가슴 저리는 애틋함이 느껴지지도 않는다.

매주 월요일 저녁 10시면 나는 KBS의 '가요 무대'를 보며 거기서 흘러나오는 옛 노래를 타고 달콤한 추억의 세계, 아련한 그리움의 세계로 빠져든다. 젊은 날엔 그저 '새 유행가를 내가 알고, 또 그 사실을 뽐내려고' 노래를 불렀으나, 이제는 노래의 참맛을 - 우리 마음에 감동을 주는 그 무엇을 - 느끼기에 혼자서도 좋아하고 흥얼거린다.

들을수록 의미가 깊은 노랫말, 심금을 울리는 곡조, 가수들의 특색 있는 목소리, 또 이를 통해 우리의 머리에서 가슴으로, 가슴에서 온몸으로 번져가는 그 울림이 노래의 참맛이 아닐까? 그래서 나이든 사람들이 이 가요 무대를 통하여 위로를 받는지도 모르겠다. 그렇다고 가요의 역할이 그뿐이라고 생각하는 것은 아니다.

옛 노래에는 우리의 강산(江山)이 들어 있다.

두만강의 푸른 물은 여전히 흐르고, 대동강과 한강은 아직도 한(恨)을 품고 서해에서 만난다. 지금은 갈 수 없는 금강산과 백두산, 눈물로만 넘던 박달재와 고모령, 그리고 칠갑산의 산새 울음이 그리움을 더해 주고.

옛 노래 속에는 우리의 소중한 역사도 있다. 일제 침략으로 나라를 잃고 헤매던 나그네의 설움이 있고, 눈 덮인 삼팔선과 녹슨 기찻길 위로 자유를 찾아 헤매던 사람들의 한탄도 있다. 화랑 담배 연기 속에 사라진 전우들, 빨간 마후라를 목에 두른 보라매들의 늠름한 모습도 보인다.

그리고 옛 노래는 우리의 절절한 삶의 모습도 보여준다. 그 속에는 청춘의 꿈과 사랑의 기쁨이 있다. 청실홍실 수놓고 행복의 샘터를 찾는 사랑, 별이 쏟아지는 여름밤의 사랑 등 아름다운 사랑과 더불어 남행 열차로 말없이 사라지는 애절한 이별도 있다. 또 무작정 상경하여 구두닦이나 댄서로 살아가는 처녀, 총각들의 애환을 보여주는가 하면, 인생은 나그넷길에 지나지 않는다는 철학도 있다.

이처럼 대중가요는 우리의 삶에서 즐거울 때 기쁨을 더해주고, 슬플 때 마음을 달래 주는 떼어 놓을 수 없는 벗이었다. 나아가 어려운 처지에서도 좌절이나 허무에 빠지지 말고, 희망을 품고 기쁘게 살자는 강한 메시지를 주기도 한다. 그래서 나는 가요를 좋아한다.

내가 가요 무대를, 특히 흘러간 옛 노래를 좋아하는 또 하나의 이유는 그 노래를 통하여 내 생각이 나마 젊은 날로 돌아가, 거기서 아버지와 어머니 또는 할머니까지 만날 수 있기 때문이다. 내 어렸을 때 아버지의 18번은 '희망가'였다. 이 노래를 통하여 아버지는 환경 때문에 당신의 꿈을 마음껏 펼치지 못했던 심사를 달래신 것 같다. 그리고 어머니는 '황성 옛터'와 '가슴 아프게'를 좋아하셨다. 할머니도 흥이 나시면 '노들강변'과 '성주풀이' 등 민요를 부르셨다. 노랫말과 곡을 마음대로 만들어.

정월 대보름의 지신밟기나 한여름 볏논의 김매기가 끝나면 하루 날을 잡아 동네잔치를 했다. 낮에는 풍물놀이를 중심으로 춤판이 벌어지고, 저녁에는 남녀가 끼리끼리 모여 온 동네가 떠들썩하게 노래잔치를 벌였다. 남진과 나훈아 그리고 이미자의 열풍은 시골이라 비켜 가지 않았다.

이제 곧 추석이다. 해마다 명절이 되면 가요 무대에 단골로 올라오는 노래가 가수 한정무의 '꿈에 본 내 고향'이란 노래다.

♪고향이 그리워도 못 가는 신세, 저 하늘 저 산 아래 아득한 천 리….♪

아직도 갈 수 없는, 북쪽에 고향을 두고 온 사람들의 마음을 잘 달래주는 노래. 그들과는 달리 나는 언제라도 고향을 찾을 수는 있지만 이미 변해버린 고향에서 옛날을 찾아 헤매는 심사는 그들과 다를 게 없다. 고향은 이제 누구에게나 꿈에서만 갈 수 있는 곳이 돼버렸는가?

아니 어쩌면 월요일 밤의 TV앞. 그곳이 이제 나의 고향이 아닐까? 거기서 고향의 산과 들을, 거기서 옛날 같이 놀던 사람들의 정을, 그리고 돌아가신 할머니와 아버지와 어머니까지 만나 볼 수 있으니. 가요 무대에선 매월 말 신청곡을 받아주니 어머니를 위하여 노래 한 곡 신청해야겠다. 어머니가 좋아하시던 '황성 옛터'로 할까? '가슴 아프게'로 할까. 역시 '황성 옛터'가 좋겠지.

♪황성 옛터에 밤이 드니 월색만 고요해
폐허에 서린 회포를 말하여 주노라.♪

(2010. 7. 14)

* 부산에서 치른 어머니의 고희연. 그때 고향 옆집의 창녕 아주머니가 부른 '너영 나영'이 시선을 모았지만, 최고의 노래는 백송 아주머니의 '창부타령'이었지요. 함께 춤추고 노래하며 즐거워하시던 어머니의 모습이 눈에 선합니다.

대목장 풍경

설을 앞두고 어머니가 계시는 기장(機張)에 갔다. 그리고 함께 대목장 구경을 나섰다. 제수(祭需)를 마련하려는 것이 아니라 대목장에서 지난날의 추억을 찾아보려는 생각에서다. 그런데 그런 생각을 하는 사람이 나뿐이 아닌가 보다.

부산광역시의 동쪽 끝 기장. 조용한 어촌으로 예부터 멸치와 갈치와 미역이 유명하다. 철을 잘 만나면 횟집에 들러 싱싱한 멸치회나 갈치회로, 그렇지 못하면 노점상 좌판에서 살짝 데친 미역을 초장에 찍어 먹는 것으로 짭조름한 바다 맛을 즐길 수 있는 곳이다.

그러나 그 어느 것도 팔짝팔짝 뛰는 멸치에 왕소금을 뿌려 숯불에 구워 먹는 그 맛을 따를 순 없다. 그것은 이곳 기장의 맛이자 또 고향의 맛이기도 하니. 내 어렸을 때, 초여름 멸치철이면 젓갈을 담그기 위해 한 상자를 사서는 그중 굵은 놈을 골라 소금구이를 해서 온 가족이 둘러앉아 함께 먹었다. 생각만 해도 입에선 침이, 눈에선 눈물이 고인다.

시장은 입구부터 물건을 사고파는 사람들로 바글바글했다. 어머니와 함께 조심조심 걷지만, 밀리고 부딪치는 것은 어쩔 수 없다. 그러나 누구도 이를 탓하거나 시비 걸지 않고 웃으며 지나간다. 대목장이라서 그런가.

입구에서 머잖은 곳에 사람들이 모여 있다. 고소한 냄새도 난다. 들여다보니 전(煎)을 부쳐 팔고 있다. 본래 명절 기분은 전 부치는 냄새에서 시작되는데 요즈음은 그것도 다 시장에서 사다 쓰는 모양이다.

"어머니 올 설엔 전 안 부쳐요?"

"너희 동생이 몇 가지 해올 거야. 난 이제 그럴만한 힘도 없어."

탄식하는 목소리에 코끝이 찡해온다. 어릴 때 난 고구마 전을 무척 좋아했고, 어머니는 명절 때마다 부쳐주셨다. 이런저런 생각을 하며 또 얘기를 나누며 떠밀려 가는데, 그 틈에서도 언제 보았는지 단골 생선 가게 아주머니가 우리를 부른다. 그리고 어머니는 미리 작정하신 듯 갈치를 몇 마리 사신다.

"우째 제사상에 올릴 생선은 하나도 안 사고 서울 아들 줄 것만 사능교?"

"죽은 조상보다 산 자식이 훨씬 더 중요하거든요."

붙임성 좋은 아주머니가 빠른 손으로 토막을 내고 소금을 치면서, 자기도 얼른 팔고 들어가 설 준비를 해야 한다고 수다를 떤다. 그때 등 뒤에서 들려오는 노점상 할머니의 호객 소리.

"오징어가 세 마리 만원."

"한 마리 사 가이소."

돌아보니 길 가운데 놓인 커다란 플라스틱 통마다 각종 생선이 헤엄치고 있다. 그 옆으로 생미역, 톳나물, 모자반 같은 해조류를 파는 할머니가, 또 그 옆으로 붕장어의 껍질을 벗기고 있는 아주머니도 있다. 그리고 홍합, 굴, 꼬막 등 조개류가 있는가 하면, 해삼, 전복, 소라, 문어도 있다. 정말 다양한 종류의 수산물이 크고 작은 그릇에 가득가득 담겨 있다. 8도 수산물 중 없는 것이 없는 노점상이다.

"배 따 주까? 그냥 주까?"

생선을 사려는 젊은 여자에게 할머니가 퉁명스레 말하지만, 말하는 사람도 듣는 사람도 다 입가에는 웃음이, 눈에는 정이 흐르고 있다. 원래 친한 사이일수록 더 무뚝뚝하게 대하는 경상도 특유의 말투임을 알기 때문이다.

건너편 싸전. 그 앞에도 많은 사람이 몰려 있다. 헤치고 들어가 보니 평소에 없던 한과와 강정이 잔뜩 쌓여 있고, 한쪽에서 쌀을 튀겨서 강정을 만들고 있다. 옥수수나 쌀을 튀기는 냄새는 그리움의 냄새다. 이 사람들도 그리움을 찾아, 추억의 냄새를 찾아 모여든 사람들일까? 그러나 이렇게 많은 가게와 좌판이 펼쳐져 있지만, 옷가게나 신발 가게는 보이지 않는다. 옛날의 대목장에는 반드시 있었는데.

내 어릴 때 고향의 장날은 오일장으로 3자와 8자가 들어가는 날에 섰고, 그중 설이나 추석에 가장 가까운 날이 대목장이다. 대목장이면 우리 집은 할머니와 어머니가 함께 장에 가셔서 평소에 사지 않던 많은 것을 사오셨다. 과일과 생선 등의 제사용품과 옷과 신발 같은 설빔을 머리에 이고 또 손에 들고도 5리나 되는 길을 기쁘게 다녀오셨다.

장에 따라가려고 떼를 쓰던 우리 형제는 대문 밖을 내다보고 또 내다보고, 동구 밖까지 갔다가 돌아오기를 반복하며 장에 가신 어머니와 할머니가 돌아오시기를 기다렸다. 설빔을 잔뜩 기대하며.

그러나 옛날과는 달리 지금 어머니는 잘 걷지 못하시고, 조금만 무거워도 들지 못하신다. 살며시 잡아 본 어머니의 손, 힘없는 그 작은 손에 가슴속으로 무언가 울컥 치밀어 오른다. 분노인지 슬픔인지….

재래시장이 다 그렇지만, 특히 대목장은 축제를 앞에 둔 들뜬 마음들이 엉켜 무질서의 세계를 이룬다. 서로 밀치며 오가는 사람들에게서도, 표준말과 사투리가 뒤범벅되어 마치 다투는 것 같은 말투에서도 질서라고는 찾아볼 수 없다. 물건 값도 엿(?)장수 마음대로 더 받기도 덜 받기도 한다.

그러나 그 무질서의 바닥에는 인정이 흐르고 있다. 부딪치는 사람들의 얼굴에 웃음이 있고, 큰 소리로 싸우는 것 같은 말소리에 정이 있다. 덤을 얹어 주거나, 값을 깎아 주는 것도 다 이 인정 때문이리라.

질서가 아름답고 또 살기에도 편리하지만, 때로는 이러한 무질서의 인정스러움이 더 그리운 것은 나이 탓인가? 아니면 이 각박한 세상에 적응하지 못하는 내 어리석음 때문인가?

오늘 내가 이 대목장에 온 것도 옛날의 추억을 찾아서가 아니라, 점점 더 메말라가는 인정을 찾아서 헤매고 있는지도 모르겠다.

(2011. 2. 21)

* 고향을 떠나 이곳저곳으로 방황하시다가 마지막에는 부산의 끝자락 기장에까지 오신 어머니는 그곳에서 돌아가셨다. 끝내 꿈을 두었던 고향엔 가시지 못하고.

어처구니

"원 세상에! 이런 어처구니없는 일이…."

요즈음 신문만 펴들면 나도 모르게 나오는 말이다. 단순한 말이라기보단 탄식이고 한탄이다. 도대체 어처구니가 무엇이기에, 또 어디로 갔기에 이런 말이 저절로 나올까?

손자 정원이가 오늘은 점심을 먹지 못했다고 했다. 할머니가 교회 일로 일찍 나가고 할아버지가 가방을 챙겨주면서, 수저를 빠트리는 어처구니없는 실수를 한 탓이다. 어린 녀석이 얼마나 배가 고팠을까? 안타까웠지만 그래도 이 일은 작은 해프닝에 지나지 않는다.

돌아보면 우리 주위엔 이런 어처구니없는 일들이 매일같이 발생한다.

“내 담배 왜 뺏어!” 하고 중 3학생이 교감 선생님을 마구 때렸는가 하면, 캠퍼스에서 술을 못 마시게 한다고 데모하는 대학생들도 있었다. 귀순병이 철책을 넘어 우리 측 생활관을 두드리기까지 몰랐던 일과 원자력발전소 안에서 마약에 취한 채 근무하는 정말 어처구니없는 일도 있었다.

왜 이런 ‘어처구니없는 일’이 생길까? ‘어처구니’란 것이 대체 무엇이고 어디로 가버렸는가?

‘어처구니’란 옛날 가정에서 곡식을 갈 때 쓰는 맷돌의 나무 손잡이를 말한다. 한 줌 굵기의 두어 뼘 되는 나무토막을 둥글게 깎아 맷돌 위판의 한쪽에 끼워 쓰는 작고 보잘것없는 부품이다. 그러나 문명의 발달로 맷돌이 사라지면서 어처구니도 사라졌다.

‘어처구니’는 사라졌지만, ‘어처구니없다.’라는 말은 아직도 널리 사용된다. 일이 너무 뜻밖이어서 당황스러울 때 쓰는 말이다. 그리고 이때의 ‘어처구니’란 말은 ‘우리의 삶에 꼭 필요한 기본 도리(道理), 즉 최소한의 양심이나 상식’을 말하는 것 같다.

삶에서는 비록 사소한 일이라도 원칙을 지키고 상식선을 넘지 않는 것이 중요하다. 그렇지 않으면 어처구니없는 큰 사고가 날 수 있기 때문이다. 삼풍백화점이나 성수대교 붕괴 같은.

맷돌의 손잡이에 지나지 않는 어처구니에는 또 하나의 기능이 있다. 어처구니는 혼자 사용하기도 하지만, 보통 둘이서 같이 사용할 때가 많다. 그리고 이때 마주앉은 두 사람의 사이를 의좋게 만들어 준다. 사이가 좋지 않다는 고부간도 어처구니를 잡는 순간만은 화기애애해진다.

마주앉아 어처구니 위에다 손을 포개면 미움이 변하여 사랑이 되는 것일까? 한쪽이 밀면 다른 쪽은 당기고, 그쪽이 당기면 이쪽이 밀고. 이 일은 서로의 마음이 맞아야만 이루어진다.

내 어렸을 때, 할머니와 어머니가 마주 앉아 도란도란 얘기를 나누시며 맷돌을 돌리던 모습이 떠오른다. 그날은 맛있는 콩국수나 콩죽을 먹을 수 있었다. 이와 비슷한 일로 다듬이질도 있었다. 어스름 밤, 마주 앉아서 또드락 또드락 돌을 두드리는 소리는 어느 음악에 못지않은 화음이다. 우리의 옛 삶에는 이런 화합의 도구가 많았다.

맷돌이 사라지고 또 어처구니마저 없어지면서 그 화합을 끌어내는 상생의 기운도 사라진 것 같다. '같이 잘살아 보자는 생각은 없어지고 나 혼자 잘 돼야 한다.'는 생각만이 팽배하다. 모두가 1등만을 추구하는 사회, 그 때문에 어처구니없는 일이 자꾸 발생하는 것 아닐까?

투박한 나무로 만들어진 어처구니. 누가 그것을 잡을 때 내 손도 포개 주어야겠다. 아내는 물론, 이웃과도, 교회 성도들이나 같이 공부하는 친구들과도, 나아가 전철에서 만나는 모르는 사람과도 같이 잡아 준다면 우리 사회가 조금은 더 따뜻해지지 않을까?

맷돌의 손잡이라는 도구(道具)로서의 어처구니야 이젠 필요 없다. 그러나 삶의 도리(道理)로서의 어처구니는 더더욱 요구되는 세상이다.

(2012. 10. 29)

* 실패에 실을 감거나, 숯불 다리미로 옷을 다릴 때도 할머니와 어머니는 항상 마주 앉았었지요. 나를 비롯한 동생들은 숯 냄새가 싫어 도망갔고.

받지 않더라도

전화기를 들고 번호를 누른다. 0××-7××-34××. 손이 덜덜 떨리고 마음이 두근두근하는 것은 무슨 까닭일까? 그러나 신호는 가지만 아무도 받지 않는다. 잠시 후 낯선 여인의 음성이 들려온다.

"지금 고객님이 전화를 받지 않습니다. 다음에 다시 걸어 주세요."

과연 다음에 걸면 그때는 받으실까? 그렇지 않다는 것을 내 머리는 알고 있다. 마음은 그렇지 않지만.

매주 일요일 오후 6시가 되면 전화를 건다. 부산에 계시는 어머니에게. 어머니도 늘 기다리시지만, 간혹 전화를 받지 않을 때도 있다. 그럴 땐 걱정이 된다. 또 내가 그 시간에 전화를 걸지 않으면 어머니께서도 걱정하신다. 혹시 무슨 일이 있는가 하고 도로 전화를 걸기도 하셨다. 물론 일이 있어 집을 비우거나 할 땐 서로 연락을 해둔다.

통화라고 하지만 딱히 할 말이 있는 것도 아니었다. 그저 날씨 얘기, 손자 얘기 등 일상적인 얘기다. 그것도 몇 마디 하기도 전에 '끊고 교회에 가라'고 독촉하신다. 떠나 온 직후에는 같이 나가던 교회 이야기나 고향 사람들의 근황 등 할 말이 많았는데….

이렇게 시간을 정해놓고 전화를 하면 한 주일은 마음이 편하다. 밤중에 전화벨이 울려도 마음이 덜컹하지 않는다. 반면 자유가 제한되기도 한다. 그 시간 전후엔 딴 전화를 걸 수도, 전화기 곁을 떠날 수도 없으니. 교회 행사 등으로 잠깐 집을 비울 때도 신경이 쓰인다. 또 모임에 참가하거나 가까운 곳에 놀러 갔을 때는 마치 집에 있는 것처럼 거짓말도 했다.

그러나 거짓말하는 것은 어머니도 마찬가지시다. 명절만 되면 어머니는 "복잡한데 이번엔 오지 마라."고 하시지만, 그건 참 마음이 아니다. 우리가 내려가면 그렇게 좋아하신다. 또 목소리에 힘이 없는 것 같아서 건강을 물어봐도 늘 "괜찮다. 걱정하지 마라." 하시지만, 그 말도 거짓이다. 거짓인 줄 알면서도 전화를 계속하는 것은 어머니의 말씀보다 음성을 듣기 위해서다. 음성을 들으면 어머니의 상태를 짐작할 수 있으니. 이처럼 어머니와의 전화는 말이 아니라 마음으로 하는 통화이다.

아버지가 돌아가시자 어머니는 그때까지도 학업을 마치지 못한 동생 둘을 데리고 고향을 떠나셨다. 그리고 동생들이 대학을 마치고 부산에 직장을 잡자 그곳으로 따라가셨다. 그동안 우리 부부는 부산을 떠나 서울로, 제주로, 포항으로 또 서울로 옮겨 다녔다. 그렇게 강산이 변할 만큼 세월이 흐른 후에야 부산으로 돌아와 어머니와 함께 살았지만, 그 기간은 너무 짧았다. 2년 만에 다시 서울로 발령이 났으니. 그런데 어머니는 이번에도 같이 올라오시지 않고 막냇동생 집 가까이 작은 아파트를 빌려 혼자 사셨다. 왜 그랬을까?

그때부터 주말의 전화 걸기가 시작되었다. 처음 10여 년은 같이 모시지 못한 죄책감 때문인지 열심히 걸었다. 그러나 세월이 갈수록 안타까워하는 마음은 점점 사라지고 귀찮다는 생각이 들어 서로 미루기 시작했다. 사람은 이처럼 떨어져 있는 거리가 멀수록, 그 시간이 길수록 정(情)도 마음도 멀어지는가보다. 전화로는 그 간격을 다 메울 수 없고.

물론 전화는 두 사람 사이의 단순한 의사소통만이 아니라 정(情)의 소통, 사랑의 소통이기도 하다. 어쩌면 후자의 비중이 더 큰 것도 같다. 그런데도 왜 통화를 자주 하지 못했나? 이렇게 통화할 수 없는 때가 온다는 것을 깨닫지 못했기 때문이리라.

이제 어머니는 전화를 받을 수 없으시다. 전화선을 타고 들려오던 목소리가 점점 약해져 마음을 아프게 하더니 결국은 가까이 있던 막냇동생이 대신 받았다. 그러다가 이제는 동생마저도 받지를 않는다. 텅 빈 집에 전화기만 홀로 울고 있을 것이다. 외로움에 몸부림치면서.

어머니를 추억하는 사람마다 당신께서 참 반듯하게 사셨다는 말로 위로를 한다. 맞는 말이다. 어머니는 타인은 물론 자식에게도 신세를 지지 않으려 하셨다. 끝내 우리와 함께하지 않으신 것도 그 때문이리라. 그런 어머니에게 나는 한 주일에 전화 한번 하는 것을 귀찮아했다. 이 얼마나 파렴치한 짓인가? 부끄러워서 고개를 들 수가 없다.

다음 주일에도 또 그 다음 주일에도 오후 6시가 되면 전화를 걸겠다. 저 세상까지라도 통할만 한 강한 염원(念願)을 담아서. 나아가 내 손으로는 이 전화를 해지(解止)하지 않겠다고 마음을 다잡는다. 어머니의 그 떨리던 목소리나마, 힘이 빠진 그 목소리나마 한 번 더 듣고 싶기에.

"난 괜찮다, 걱정하지 마라." 하고 나를 안심시키려던 그 거짓 말씀이라도. (2015. 7. 20)

* 행복은 어쩌면 소통으로부터 오는 것 아닐까? 비록 서울과 부산으로 떨어져 살았지만, 말의 소통뿐 아니라 생각이나 감정 등 마음의 소통도 잘 이루어져 나름 행복했는데….

한여름 밤의 꿈

어릴 때의 그 초가집은 채송화, 나팔꽃, 맨드라미 같은 꽃과 어울렸다. 장미나 백합 그리고 모란과는 아니었고, 오히려 마당가의 접시꽃이, 까치발을 하고 담을 넘보는 해바라기가 더 격에 맞았다. 그러나 밤이라면 다르다. 골목 어귀의 치자꽃, 장독대 옆의 옥잠화, 그리고 헛간 지붕 위의 박꽃이 떠오르면서 나도 모르게 눈시울이 젖어든다. 아련한 그리움과 함께.

6월의 저녁 무렵. 보릿짚 태우는 매캐한 연기가 낮게 깔릴 때 그 속에 숨어서 슬며시 번져가는 향기가 있다. 치자꽃이다. 짙푸른 잎 속에서 살짝 얼굴을 내미는, 새침을 떼면서도 유혹의 향기를 내뿜는 꿈 많은 소녀, 아니 시골 소녀 같은 꽃.

그러나 나는 이 꽃을 보면 이상하게도 하얀 두루마기를 입은 아버지가 생각난다. 뉘 집엔가 문상(問喪) 갔다가 마을 어귀를 돌아드는 아버지. 당신의 손에는 작은 봉지가 들려 있다. 그리고 그 속에는, 떡과 전 같은 음식이, 이웃을 생각하며 싸준 소박한 마음이 들어있다.

엷은 어둠 속에서 아버지를 맨 먼저 맞는 것은 골목 어귀의 치자꽃이다. 그러나 아버지는 꽃은 본체만체하고 마당의 나에게 그 봉지를 건네신다. 그런 밤에는 온 마당에 치자꽃 향기가 가득하고 아침에 보면 꽃에, 잎에 맑은 눈물이 방울방울 맺혀 있다.

옥잠화는 장독대 옆이 제자리다. 갈색의 단지들이 튕겨내는 빗방울을 먹고 자란 옥잠화. 그 꽃은 깨끗하다. 그러나 가슴이 미어질 것 같이 슬프다. 그 깨끗함을 지키려고 바닥에 하얀 돌을 깔아준다. 흙이 튀지 않게.

옥잠화를 보면 소복 입은 여인이 떠오른다. 여름도 기울어가는 8월의 어느 밤, 세상은 다 잠들고 달빛만 외로운데 장독대 옆을 서성이던 이웃 누님의 처연한 모습이 내 가슴을 아리게 했다. 그녀의 남편은 6·25전쟁 중에 전사했다고 한다.

옥잠(玉簪)이라면 옥비녀다. 값비싼 옥비녀를 끼고 누구에게 잘 보이려는 것일까? 아니다. 때가 묻지 않는 옥으로 머리를 단정하게 정리하여, 몸은 물론 마음마저 깨끗이 하려 함이리라. 오히려 세상의 온갖 유혹에서 자기를 지키려는 올곧음이리라.

7월도 저물어 가는 한여름 밤. 할머니와 함께 평상(平床)에 누워 별을 보는데, 헛간 지붕 위에 박꽃이 피어있다. 잡티 하나 없이 해맑은 얼굴. 박꽃은 기다림의 넋이다. 은하수를 사이에 두고 견우만을 그리워하는 직녀의 눈물이 떨어져 생긴 꽃이다. 그래서 밤마다 먼 하늘을 바라보며 그리움에 울고 있다.

어쩌면 영원한 사랑은 만나고 헤어지는 것이 아니라, 나란히 걸어가는 것인지도 모르겠다. 기차의 선로처럼. 만나지 않으니 부딪칠 일도, 상처를 줄 일도, 나아가 헤어질 일도 없을 테니까.

몸이 아니라 마음이 함께하는 사랑, 때로는 마주 보고 웃기도 하며, 때로는 기다려주어 보조를 맞추는 사랑, 옆에 두고도 늘 그리워하는 그런 것이 참된 사랑 아닐까. 박꽃도 그런 사랑을, 견우와 직녀 같은 사랑을, 꿈꾸고 있는 것 같다.

빛에는 무지개의 일곱 색깔이 들어있다고 한다. 그리고 그중 어느 색깔을 반사하느냐에 따라 물건의 색깔이 다르게 나타난단다.

즉 빛을 받은 물건이 빨간빛을 반사하면 빨갛게, 노란빛을 반사하면 노랗게 보인다고 한다. 또 모든 빛을 다 반사하면 하얗게, 모든 빛을 다 받아들이면 검게 된다고 한다. 그렇다면 이 꽃들이 흰 것은 세상의 모든 빛을, 화려하고 요염한 그 모든 유혹을 다 반사한, 아니 거부한 까닭이리라.

나는 어떤가? 이 꽃들과는 달리 내면(內面)의 욕심이나 교만,

그리고 바깥세상의 온갖 유혹을 거부하지 못하여 새카맣게 된 것만 같다. 마치 블랙홀에 빠진 것처럼. 그래도 한 가닥 남은 양심으로 저 하얀 꽃을 꿈꾸고 있다. 그 꽃을 보며 마음을 설레던 그 순수했던 시절로 돌아가기를 간절히 바라고 있다.

어둠을 가르고 별 하나가 떨어진다. 유성이다. 저 별은 또 왜 떨어지나? 혹시 찰나의 영광을 위해서 영원한 삶을 버리는 것은 아닐까? 어리석은 일이라고 말릴 틈도 없이 사라지는 별. 그래도 은하수는 여전히 밝고 개구리 소리도 여전히 청승스럽다. 한 어리석은 사람의 슬픈 꿈과 함께.

(2015. 7. 26)

* 은하수가 유난히 밝게 흐르던 밤. 평상에 누워 별똥별을 보고 또 반딧불을 쫓다 그대로 잠이 들었지요. 모깃불이 사그라지고 모기들이 극성을 부리는 것도 모른 채.

성탄절 추억

12월은 나를 쓸쓸하게 만든다. 가지 끝에 떨고 있는 나뭇잎이, 또 달랑 한 장 남은 달력이. 그런가 하면 12월은 나를 초조하게도 만든다. 한 해를 마감하며 가져갈 것과 버릴 것, 기억할 것과 잊어야 할 것을 다 정리해야 하므로. 그중에는 일도, 사람도 그리고 내 마음까지도 포함된다.

그러나 그렇게 중요하지 않는데도 아직은 버리고 싶지 않은 것도 있다. 성탄절에 대한 나의 추억과 꿈이다.

비록 완전히 사라진 것은 아니지만, 점점 관심을 잃어가는 것 중의 하나가 크리스마스 캐럴이다. TV가 없던 시절, 12월이 되면 거리마다 상점마다 캐럴이 쏟아져 나와 사람들을 들뜨게 했다. 어린이는 산타클로스를 기다렸고, 젊은이는 꿈과 낭만을 찾아 집을 뛰쳐나갔다. 누군가를 만나고, 또 누군가와 어울리기 위해.

거리에는 젊음이 넘치고, 사랑이 넘쳤다. 운 좋게 짝을 이룬 연인들은 추위도, 걱정도 다 잊고 여기저기를 쏘다니며 아름다운 추억을 만들었다.

이때쯤 눈을 바라는 것은 아이들만이 아니었다. '화이트 크리스마스' 노래를 들으며 연인과 함께 눈 덮인 고궁을 거닐거나, '징글벨' 소리에 맞추어 썰매를 타고 달리는 꿈을 꾸어보지 않은 사람이 있을까?

또 하나 사라져 가는 것이 새벽 송이다. 하얀 겨울의 새벽. 그 새벽의 고요를 깨트리는 소리가 아이러니하게도 '고요한 밤 거룩한 밤'과 '기쁘다 구주 오셨네'란 노래였다. 새벽 송은 이 어울림에 끼지 못하던 내게도, 무언가 새로운 소망과 내일에 대한 작은 기대를 가져다주었다. 비록 내 집 앞에서 나를 위해 불러주는 노래가 아니더라도.

성탄절의 기쁨은 시골도 마찬가지였다. 교회 문 앞을 제외하고는 트리 하나 없는 마을. 그곳에도 캐럴이 있었고 새벽 송도 있었다. 또 마음 설레며 무언가를 기다리는 소망도 있었다.

아랫목에 펴놓은 이불 속으로 발을 디밀고는 둥그렇게 둘러앉아 오늘따라 귀가(歸家)가 늦으신 아버지를 기다린다. 크리스마스이브. 약주를 드신 아버지는 우리에게 나눠줄 선물을 한 아름 안고 돌아오셨다. 동료 선생님들과 선물 교환을 했다며 내놓는 작은 선물들.

사전 한 권은 형 몫이고, 연필 한 다스는 동생 몫이다. 그리고 내 것은 학생 잡지 '학원' 한 권이다. 1년에 단 한 번 받아 보는 선물이기에, 그렇게 기대를 했고 또 행복해했다. 지금도 성탄절만 되면 그때 일이 생각나고, 아버지에 대한 그리움으로 눈시울이 젖어든다.

성탄절. 2,000여 년 전 예수님께서 태어나신 날. 누구 한 사람 만삭의 여인에게 방 한 칸 양보하지 않았고, 누구 한 사람 갓난아이의 울음소리를 듣고도 자기 방으로 청하지 않았다. 그렇게 주님은 12월의 강추위 속에서, 추위보다 더 매몰찬 인심 속에서 우리와 처음 만나셨다.

그리고 일생을 바로 그 사람들, 자기를 냉대한 그들에게 복음을 전하고, 그들과 어울리며 병을 고쳐 주시고, 그 모두를 위해 십자가에서 목숨까지 내놓는 큰 사랑을 나누어주셨다. 성탄절 기쁨의 본질은 바로 이 만남과 나눔이 아닐까?

그러나 아이러니하게도 오늘날 교통·통신이 훨씬 좋아졌는데도 만남은 줄어들었고, 삶이 더 풍요해졌지만 나눔은 감소하였다. 그때보다 더 심해진 개인주의 탓이리라. 이제 캐럴은 교회 안으로 쫓겨 들어갔고, 새벽 송마저 사라졌다. 마음 설레는 기다림도, 남들과 작은 선물을 나누든 기쁨도 없어졌다.

이 모든 것이 사라진 성탄절은 더는 기쁘고 즐거운 날이 아니다. 마치 아기 예수가 떠나고 천사마저 가버린 것처럼 그저 그런 공휴일로만 남았다. 다시 옛날의 그 성탄절로 돌아갈 수는 없을까? 언젠가는 같이 어울려 캐럴을 부르고 새벽 송을 다니고 선물을 나누어 보자던 내 꿈이 정녕 이루어질 수는 없을까?

세월의 흐름은 아무도 막을 수 없다. 인심의 변화도 마찬가지인 것 같다. 올해도 어김없이 12월이 되고 성탄절이 찾아오겠지만 만남도 나눔도 없는 쓸쓸한 성탄절일 뿐이다. 그러나 생각해보면 인생에서 뜻대로 되는 일이 몇이나 되는가?

쓸쓸함도, 초조함도, 나아가 아쉬움까지도 다 던져버리고 담담한 마음으로 성탄절을, 또 새해를 맞이하자. 그래도 이루지 못한 꿈이나 가버린 추억만은 마음 한구석에 묻어두고.

(2010. 12. 28)

* 아버지는 그곳 중학교에서 교편을 잡으셨고, 그때 많은 아이가 따랐던 것 같다. 명순이 누나도 그중 하나였다. 그때부터 엄마 아빠에겐 큰딸이, 나와 동생들에겐 누나가 생겼다. 지금까지도 계속되는 정말 질긴 인연이다.

2부

제 글의 두 번째 애독자는 물론 아내입니다.
하나님의 뜻 가운데 만나 서로 사랑하며 다투며 살아온 지 40여년,
마음껏 표현하지 못했던 그 사랑을 이 글로나마 전해 보렵니다.

적은 월급에도 불평 한마디 없이, 시부모를 위해 늘 셋방살이를
감수했고, 시동생을 위해서 결혼반지까지 팔았던 그녀,
그녀의 내조가 있었기에 험한 공직생활을,
유혹 많은 세무공무원 생활을 탈 없이 지낼 수 있었습니다.

고백이 너무 늦었다고 돌아서거나,
말뿐인 고백이라고 화는 내지 않을까요?
차라리 이따위 글보다는 명품 가방 하나가 더 나을까요?

그래도 아내는 내 앞에서는 글이 더 좋다는 두 번째 독자입니다.

아내와 더불어

사랑 찾아 가는 길도 발걸음이 가볍다

거울 앞에서

세상에는 많은 종류의 거울이 있다. 형태별로는 둥근 거울, 네모 난 거울, 손잡이가 달린 타원형 거울 등이 있고, 기능에 따라서는 평면거울, 오목거울, 볼록거울 등이 있다.

또한, 거울은 아니지만, 거울 역할을 하는 것도 많다. 잔잔하게 고인 물, 솔로몬의 빛나는 방패, 어두운 밤 불빛을 등지고 내다보는 유리창 등을 예로 들 수 있다.

이들은 다 외모를 비춰주는 거울이지만, 그 외에도 마음을 비춰주는 거울과 삶을 비춰주는 거울도 있다. 그리고 이 모든 것을 다 함께 비춰주는 사랑의 거울도 있다. 뒤늦게 발견하여 내 마음대로 이름 지은 것이지만.

누구라도 그러하듯이 아침에 일어나면 나는 우선 거울 앞에

선다. 잠버릇이 나쁜 탓인지 내 머리카락은 항상 한 쪽이 뻗쳐 올라 까치집을 짓고 있다. 이 부스스한 머리와 얼굴을 다듬고 하루를 시작한다. 집을 나서기 전에도 거울 앞에 서서 옷맵시는 어떤가, 넥타이는 비뚤어지지 않았나 살펴본다.

이발할 때나 새 옷을 살 때도 거울 앞에 선다. 그리곤 거울에 비친 내 모습을 보고 고민에 빠질 때가 많다. '너무 짧게 깎지 않았나, 바지 길이는 적당한가?' 하고. 나는 머리도 짧고, 바지 길이도 땅에 끌리지 않을 정도로 단정한 것을 좋아하지만, 아내는 그 반대다.

머리는 적당히 길고, 바지도 땅에 닿을 정도로 긴 것을 좋아한다. 이 때문에 가끔 아내와 다투기도 한다. 그러나 그 잔소리가 - 아내는 그것을 사랑이라고 말하지만 - 귀찮아 내가 언제나 지고 만다.

사람이 거울을 보는 것은 자기 모습을 보기 위해서다. 추한 곳을 찾아 깨끗하게 하고, 잘못된 곳을 고쳐, 더 아름답게 가꾸기 위해서다. 그러나 거울을 통해서 보는 데는 한계가 있다. 거울로는 겉모습은 볼 수 있지만, 속마음은 볼 수 없다.

소크라테스가 '너 자신을 알라'라고 할 때 '너'라고 불린 '나'는 '겉모습의 나'가 아니라, '속 모습의 나 즉 자아'를 말하는 것 아닐까?

그렇다면 사람의 마음을 보여주는 거울도 있단 말인가? 영국

속담에 '거울은 자태를 보여 주지만, 술은 마음을 드러낸다.'라는 말이 있는 것처럼 마음을 들여다볼 수 있는 것이 몇 가지 있다. 마음을 비춰주는 거울로 나는 술이 아니라 책을 들고 싶다. 소설이나 수필에 나타나는 작가의 사상이나 정서에 대해, 공감하거나 반대하거나 어느 경우에라도 내 마음이 드러나기 때문이다.

또한, 성경을 비롯한 각종 종교의 경전을 통해 내 마음이 선한가 악한가를 볼 수 있다. 성경의 십계명을 거울삼아 내 마음 속을 들여다보면 지키지 못한 계명이 - 그리고 그 원인이 되는 욕심과 시기심 같은 추한 것이 - 생각보다 많다는 것을 알 수 있다. 다만 겉으로 드러나지 않게 감추고, 억누르고 있을 뿐이다. 양심과 교양이란 가면 속에 숨어 있는 내 마음을 정말 못 본 것일까, 모른척한 것일까?

마음을 비춰주는 거울이 있는 것같이 삶을 비춰주는 거울도 있다.

일찍이 공자(孔子)는 '세 사람이 함께 가면 반드시 본받을 사람이 있다' 했고, 묵자(墨子)도 '군자는 남이라는 거울을 통하여 자기를 본다.'고 한 것처럼 타인의 삶이 - 위인들이나 성공한 사람들 또는 실패한 사람의 삶까지도 다 - 내게 거울이 될 것이다.

그중에서도 특히 예수님은 빼놓을 수 없다. 그분의 사랑, 그분의 희생, 그분의 겸손은 내가 평생을 두고 본받고 닮아야 하는 거울이다.

그렇다면 거울에 비친 나의 삶은 어떠한가? 30년 가까운 공직생활을, 열심히 그리고 나름대로 청렴하게 살려고 노력했다. 그 결과 훈장도 두 번이나 받았고, 모범 공무원으로 뽑혀 해외여행도 다녀왔다. 그러나 예수님을 통해 비춰 본 내 삶은 덕지덕지 기운 누더기처럼 잘못된 것이 한둘이 아니었다.

직장에서도 사회에서도 빛이나 소금이 되지 못했고, 그렇다고 교회에서 장로의 직분을 다한 것도 아니며, 이웃에게 본이 되지도 못했다. 그래도 이전엔 나 자신을 평가하기를 나름대로 성실하고 보람되게 살아왔다고 생각했는데, 이렇게 거울에 비치는 내 모습을 보니 쥐구멍이라도 찾고 싶다. 겉모습도, 속마음도 그리고 삶 전체를 봐도 내세울 것 하나 없는 삶이었다.

나 자신을 알게 해주는 거울을 찾다가 문득 또 하나의 거울이 가까이 있다는 것을 깨달았다. 이 거울은 내 겉모습과 속마음뿐 아니라 지내 온 삶을 다 비춰주고 때로는 고쳐주기까지 한다.

바로 내 아내다. 아내는 "지금 당신의 표정이 딱딱해요."라며 외모를 알려주기도 하고, "그렇게 화내지 말고 진정하세요." 하며 마음 상태를 비춰주기도 한다.

때로는 "장로가 예배에 빠지면 어떡해요?"라는 식으로 삶에 대한 충고도 한다. 지금까지는 이것을 잔소리로만 들어왔고, 잘못을 고치라는 충고 또는 처방으로는 인정하지 않았다. 그러나 거울에 대한 생각을 정리하다 보니 이 거울이 정말 고맙고, 그 처방이 대단히 중요하다는 것을 새삼스레 깨달았다. 지난날이 후회되고, 아내가 갑자기 더 사랑스러워진다.

그렇다. 아내야말로 늘 가까이 있으면서 나의 구석구석을 밝게 비춰주는 거울, 바로 사랑의 거울이다. 앞으로는 그 거울과 함께, 그 처방대로 살리라 다짐한다.

봄도 가고 꽃도 지겠지만, 내 옆엔 항상 나를 지키는 사랑의 거울이 있을 것이다.

(2008. 5. 27)

* 맞선 보는 자리에서 며느릿감의 마음을 알아차린 아버지의 뒷얘기. "떨어져서는 죽어도 못 살겠다는 표정이더군." 겨우 몇 달 만나지 않았다고 어떤 표정을 보였기에?

아내의 편지

무소식이 희소식이 아니라는 아픔이 있어
긴 밤
난생처음으로 선생님께
부끄런 맘으로 글 드립니다.
오늘 이토록
가슴조이며 보내버린 휴일이
미워지기만 합니다.
너무 너무 바쁘셔서일까요?
아니면?
혼자 맘 졸인 날은
뭔가 응어리짐이 있어
종일 꺽꺽 거렸습니다.

겨울밤
별은 도시의 아이들처럼 하얗게 떨고 있을 때
마음을 다하여 불러 봅니다.
가슴의 느낌은 왜 그리 동일하지 못하고
아무른 보수 없는 감동은 왜 그리 거만스러운지요.
젊고 아름답고 뜨거운 상태에서야
누군들 사랑을 못하겠습니까만
현실이
우리의 인간이
너무 허식이 많은 것 같습니다.
뜨거운 맘으로
목을 길게 해 봅니다만 대답이 없었습니다.
겨울이,
밤이 깊어만 가고
마지막 달도 과거 쪽으로 훨씬 가버린 점에서
나
가난한 맘으로 지난날을 돌이켜 봅니다.
안간힘을 쓰며
웃고 울던 일들이 뒤범벅이 되어 집니다.
허지만
우리에겐 아직도 젊고 넓직한 시야가 있다는

자랑이 있어
쬐끔 위로가 된다면
제 사상 제법 히피 하죠?
빨갛게 단 난로 위 주전자 물
열심히 끓는데
coffee를 마주할 사람 없어 허허로운 밤입니다.
coffee처럼 새까만 밤에
빨간 얼굴을 하고
정다운 얘길 밤이 다하도록 나누었으면 해 봅니다.
긴 밤
뭘 하실까요?
공부도 하셔야겠지만
겨울의 나목처럼 감기에 기침하실라 조심하세요.
헐떡이는 가지들은
우리의 마음을 더더욱 가난하게만 해주고
마지막 달의 초조로움이
작은 마음을 불안하게 해 줍니다.
저의 얼어붙은 마음을,
찬 손을
감당할 수없는 겨울이기에
또한 부탁이 있는 것 같아요.

저의 엄마 · 아빠 청이시온데
크리스마스엔 경주에서 지냈으면 해요
시간이 없으시고 또 바쁘신데
선생님께 너무 무리인 듯 생각되오나
가 봤으면 하는
저의 작은 기대를 꺾지는 않으시겠지요.
저의 이 편지가 걱정을 끼칠까
주저하다가 부칩니다만 난필 용서 빌며
이만 줄입니다.
그럼 언제나 안녕이어야 해요.
추운 밤 안녕 주무세요.
소식 기다리며.

* "행정고시에 합격한 형님과 결혼하려면 열쇠 3개를 가져와야 한다는데, 형수님은 무엇을 가져왔어요?"라는 시동생들의 짓궂은 질문에 "집(house)은 가져오지 못했지만, 집보다 훨씬 좋은 가정(home)을 만들겠다."고 대답하여 박수를 받았다.

오동잎이 지던 밤

내가 죽어 나무가 된다 해도 소나무는 되고 싶지 않다. 소나무는 너무 고고(孤高)해서 이웃과는 잘 어울리지 못하는 나무이다. 그 밑에 풀이 자라나지 못하고, 그 가지나 잎에 새가 깃들이지 않는 것을 보아 알 수 있다.

대나무도 아니 되련다. 대나무는 곧고 속도 비어있어 군자의 벗이라 불리지만, 실상은 위군자(僞君子)다. 보이는 부분과는 달리 보이지 않는 부분 즉 뿌리는 늙은 뱀처럼 구불구불하다. 담 밑을 파고들기 좋아하고 헛간 바닥도 곧잘 뚫는다.

이들보단 차라리 오동나무가 되는 것이 더 좋을 것 같다.

오동나무는 5월 중순에 꽃이 핀다. 연보라색의 작은 종(鐘) 같은 꽃이 가지 끝에 올망졸망 매달린다. 그러나 그 꽃은 슬픔의 꽃이기도 했다. 옛날에는 이때가 보릿고개이므로 모처럼 찾아온 친정아버지도 반갑지 않았다. 양식 없다고 돌아가시란 말은 못하고 "아버지 오시는 길에 오동나무 꽃이 핀 걸 보았지요?"라고 했단다.

오동나무는 그 재질(材質)이 부드럽고, 습기와 불에 잘 견디며, 가벼우면서도 마찰에 강하다고 한다. 말라도 틈이 생기거나 뒤틀리지 않고 또 좀이 먹지 않으므로, 거문고, 비파 등의 악기나 책장, 경대, 장롱 등의 가구재로 널리 쓰이고 있다. 집에 딸아이가 태어나면 오동나무를 심었다고 하지 않던가? 그 외에도 열매와 잎과 껍질이 약재로 쓰이니 버릴 것이 하나도 없다. 이렇게 서민의 실생활에 도움을 주는 나무다.

그리고 오동나무는 우리나라의 나무 중 가장 빨리 자라는 나무이고 또 잎이 가장 큰 나무라고 한다. 어른의 두 손바닥을 붙인 것보다 더 큰 잎이 우거지면 그 속에 새가 숨어도 보이지 않는다. 속세에 모습을 드러내지 않는 봉황이 오동나무에만 깃들이는 것도 이 때문이리라.

이런 까닭에서인지 우리 선조들의 시나 노래에 오동나무를 찬미하는 구절이 많았다. 그러나 요즈음은 노름꾼, 한량, 유한마담, 게으른 주부들이 더 좋아한다. 그것도 꽃도 잎도 열매도 아닌 나무껍질 즉 피(皮)만 유독 좋아한다. 오동 피를 가지면 '피박' 쓰는 일이 적다고 하면서.

고향의 옛집에도 그랬지만, 지금 사는 아파트 뒤의 우장산(雨

裴山)에도 오동나무가 한 그루 있고 올해도 어김없이 꽃이 피었다. 그러나 요즈음은 보릿고개가 없어졌으니 딸네 집 양식 걱정할 일은 없다. 오히려 딸에게서 한번 다녀가시라는 연락이 와, 기특하다 생각하며 찾아갔다가 '피박(?)'만 쓰고 왔다.

자기들은 여름 성수기가 되기 전에 여행을 갔다 오겠다면서 아이를 일주일만 봐 달라고 한다. 어처구니가 없었지만 당할 수밖에.

어쨌든 오동나무는 4계절에 걸쳐 우리에게 좋은 모습을 보여준다. 봄날 저녁. 노을에 물든 꽃은 한 덩이의 보랏빛 구름이다. 꽃이 아름다울 뿐 아니라 향기도 진하여 보는 사람을 취하게 한다. 또 여름 땡볕엔 짙은 그늘을 만들어 주고, 비 올 땐 우산이 되어 그 밑에 피하게 하니 그야말로 널리 이롭게 하는 나무라 아니할 수 없다. 얼어붙은 겨울 하늘에선 달그락달그락 소리를 내어 바람의 공습을 알려주는가 하면, 어린아이가 놓쳐버린 연(鳶)을 잡아주기도 한다. 그래도 오동나무는 가을과 가장 잘 어울리는 나무로, 나를 애상에 젖게 만든다. 추억에 빠져들게 한다.

결혼 그 해, 시골집에서 발령 나기를 기다리던 중, 무언가 서류를 제출하려고 서울까지 왔다 간 적이 있었다. 새벽에 집을 나와 버스로 2시간, 다시 기차로 6시간을 달려와 일을 마치고 당일로 내려갔을 때, 남향의 툇마루에서 나를 기다리는 아내가 그렇게 처연(凄然)할 수 없었다.

마당가의 오동나무 가지에 걸린 달이 무거워선가? 하나둘 잎이 떨어지고 그 소리에 놀라 귀뚜라미마저 숨을 죽이는 밤. 하얀 창호지 위에 흔들리는 나무 그림자도 차갑고, 달빛에 실려 오는 기러기 소리마저 차가웠지만, 나를 보자 환히 웃음 짓는 그녀의 모습만은 너무나 포근했다. 세상 모든 차가움을 다 녹여 줄듯이.

오늘은 아내의 생일이다. 새와 곤충과 땅바닥의 풀까지도 다 품어주고, 지나가는 길손에게도 사랑을 베푸는 오동나무처럼 나를 위해 자식들을 위해 한평생을 바친 아내의 얼굴을 본다. 잠든 아내의 얼굴에서 젊은 날의 모습이, 오동잎이 지던 그 날 밤의 모습이 보인다.

그 위로 내 얼굴이 겹쳐진다. 온갖 희생을 요구하면서도 사랑의 고백은커녕 다정스런 말 한마디 못 해준 뻔뻔스러운 모습이. 앞으로는 잘 해보리라 다짐하지만, 너무 늦은 것은 아닐까?

(2009. 6. 24)

* 초가삼간이라 방은 두 개뿐인데 그 하나를 빼어 신혼살림을 차렸다. 비록 몇 달간이었지만. 그동안 아내는 '서울 며느리'에 대한 동네 사람들의 인식을 바꾸어 놓았다.

봄 비

비가 내린다. 3월 들어 내리는 이 비는 봄비인가? 겨울비인가? 절기로는 입춘(立春)과 우수(雨水)를 지났으니 봄비가 분명한데, 수은주는 영점을 기준으로 밤낮으로 오르락내리락하니 겨울비라고 해서 틀린 것도 아니다. 하지만, 마음에 새싹의 소망과 꽃에 대한 꿈을 가져다주니 봄비가 더 맞을 것 같다. 이 비가 그치면 곧 싹이 돋고 꽃도 피겠지.

봄비는 그 줄기가 가늘고 결이 부드럽다. 여름 소나기처럼 주룩주룩 시원하게 내리는 것도 아니요. 가을비같이 처량하게 질척거리지도 않는다. 또 겨울의 진눈깨비처럼 스산하거나 차갑지도 않다. 언제 왔는지 모르게 대지와 초목을 다 적셔놓고, 내 마음마저 촉촉이 젖게 한다.

귀를 기울여 빗소리를 들어 본다. 그러나 봄비는 소리 없이 내린다.

생각해 보니 모든 비가 다 소리를 내지 않는다. 비를 맞는 물체가 소리를 낼 뿐이다. 나뭇잎에 떨어지면 나뭇잎이 톡톡 소리를 내고, 연못에 떨어지면 연못물이 퐁퐁 소리를 낸다. 도로에, 지붕에, 그리고 유리창에 부딪히는 소리도 다 빗소리가 아니라 비를 맞는 물건들이 내는 소리다. 후드득후드득 시끄러운 소리도, 주룩주룩 단조로운 소리도. 그런데 봄비는 맞는 물체마저도 소리를 내지 않는다.

그리고 봄비는 그 모습도 잘 보여주지 않는다. 밝은 낮엔 모습을 감추었다가 그늘진 곳을 지날 때만 살짝 드러낸다. 그리고 밤에는 불빛을 지날 때 그 모습을 잠깐 보여준다. 가로등 불빛에 반짝이는 그 모양은 마치 하늘에서 수백 개의 바늘이 쏟아지는 것 같다.

봄비는 또 다른 물건과 만나면 카멜레온보다 더 빨리 변신한다. 창문에서는 벌레가 되어 기어 내리고, 나뭇잎에 떨어질 때면 눈물처럼 방울이 되어 굴러간다. 연못을 만나면 파문을 일으키며 숨어들고, 우산 위에선 어린아이같이 미끄럼을 탄다.

그런가 하면 봄비는 공기를 씻고, 햇빛을 씻고, 소리마저 씻어 우중충한 겨울 하늘을 청명하게 만든다. 또 얼어붙은 대지를 녹이고, 터져 상처 난 흙을 부드럽게 감싸주며, 앙상한 가지와 메말랐던 풀잎에 움이 트게 한다.

겨우내 덤불 속이나 작은 동굴에 숨었던 새와 짐승들의 갈증을 풀어 주고 깃털도 깨끗하게 다듬어준다. 이렇게 만나는 그 모두를 어루만져주는 봄비는 마치 어머니의 손길, '약손'이라 불리던 그 사랑의 손길 같다.

무엇보다 봄비는 우리의 감정에 깊이를 더해준다. 사랑을 더 깊게 하여 연인들의 거리를 좁혀주고, 자연스레 어깨나 허리에 손을 걸치게 한다. 반면, 헤어질 땐 그 마음을 더 울적하게 만들어, 쉽게 돌아서지 못하게 한다. 그런가 하면 깊은 밤 창가에서 한숨짓게도 하고.

그 때문일까? 다른 비와는 달리 봄비는 모두가 좋아한다. 산도, 들도, 나무나 풀도, 새와 짐승도 다 반가워하고 환영한다. 비를 맞는 꽃들이 활짝 웃으면 갓 태어난 잎들도 어깨를 우쭐거린다. 곤충들마저 단단한 고치를 깨고 고개를 내밀고, 연못이나 시냇물 속의 물고기도 기뻐 춤을 춘다. 봄비를 맞는 대지가 온통 기운을 차리고 기지개를 켠다. 봄비야말로 하나님의 선물이다. 아무 대가를 바라지 않고, 누구에게나 공평하게 주시는.

모든 비가 다 그렇지만, 봄비는 그 생명이 아주 짧다. 구름에서 태어나 지상에 도달하면 사라지는, 하루살이보다 못한 삶이다.

그래도 비는 생의 짧음을 탄(歎) 하지 않는다. 삶에 연연하지 않는다. 얼마나 오래 살았느냐보다 어떻게 살았느냐가 더 중요하다고 생각하는 것 같다. 또 무슨 업적을 남기기보다는 남에게 얼마나 기쁨이 되었는가에 더 가치를 두는 것도 같고.

우리 모두에게 꿈과 소망을 가져다주는 봄비. 세상 만물을 어머니같이 어루만져 주는 봄비. 자기를 던져 모든 생명 있는 것에 삶의 새 기운을 넣어주는 이 봄비야말로 사랑의 결정체다. 아니 참사랑의 본보기다.

봄비를 맞으며 나를 돌아본다. 과연 나는, 내 삶은 어떤가? 조금이나마 이 봄비를 닮을 수 있을까?

(2010. 4. 10)

* 봄비가 오면 화단에 새싹이 돋아난다. 아기 손가락같이 붉고 연한 함박꽃의 새순. 잘못해서 밟지 않도록 주위에 댓가지를 꽂아두는 그 마음은 봄비보다 더 부드럽다.

고희에 즈음하여

세월이 빠르다더니 고희(古稀)가 눈앞이다. 참으로 파란만장했고 힘든 70년이었다. 빈곤의 악순환을 벗어나고, 쓰레기통에서 장미꽃을 피우기 위해* 우리가 함께 피땀을 쏟았던 세월이었다.

신체의 자유, 언론의 자유마저 제한된 최악의 상황에서도 밤낮으로 일하여 마침내 민주화와 경제발전을 이루었지만, 그 과정에서 어려운 일도, 억울한 일도 많이 당했다. 그래도 그때마다 내 마음을 다독여주는 한 사람이 있어 잘 견뎌내었다.

고희란 말은 당나라 시인 두보(杜甫)의 곡강시(曲江詩)에 나오

---

*쓰레기통에서 장미꽃을 피우기 : 60여 년 전 런던 타임스의 한 기자가 '한국에서 민주주의를 기대하는 것은 쓰레기통에서 장미꽃 피기를 기다리는 것과 같다.'라는 기사를 썼음.

는 '인생 칠십 고래희(人生七十 古來稀)'란 구절에서 유래되었다고 한다. 이 말은 사람의 수명은 70년을 넘기 힘들다는 뜻이나, 요즘과는 맞지 않는다. 오늘날은 우리 국민의 평균 수명조차 이를 훨씬 넘어 모두가 100세 시대를 노래하고 있으니.

이에 반해 옛사람들은 고희만 넘겨도 오래 살았다고 여겼다. 또 장수(長壽)를 오복(五福)의 하나로 들면서 행복의 기준으로까지 생각했다. 그래서 자식들도 돌같이 바위같이 오래 살라고 이름을 '돌'이나 '바위'라고 짓기도 했다.

그렇다면 오늘날의 고희는 어떤 의미를 가질까? 아니 가져야 할까?

고희란 말에서 '오래 살았다'는 의미가 사라졌으니, 이제는 '삶의 중간에서 지난날을 되돌아보고, 앞날을 재설계하는 시점(時點)'이라는 새로운 의미를 부여하는 것도 괜찮지 않을까?

이런 관점에서 돌아본 내 삶은 그래도 비교적 순탄했다. 해방 직전에 태어난 나는 초등학교 때 6·25전쟁을 맞았고, 고등학교와 대학교에 다닐 때 4·19와 5·16 등의 격변기를 겪었다. 경제적으로 사회적으로 무척 어려웠던 때였으나 아버지가 교직에 근무했던 까닭으로 큰 고생은 없었다. 그러나 속을 들여다보면 꼭 그렇지만도 않았다. 온갖 불법과 부조리와 불공평이 난무하는 가운데 부당한 일도, 억울한 일도 많이 당했으니.

아내를 알게 된 것은 대학을 마치고 1년이 더 지나서였다.

재학 중 군대에 갔다 왔고, 대학을 졸업한 후 행정고시에 응시했지만, 세 번이나 실패했다. 처음 떨어진 후 몇 달을 방황하다가 잠깐 마포중학교에서 교편을 잡았는데, 그때 마주 앉은 역사 선생님의 소개로 그녀를 만났다. 그리고 그녀의 격려로 바로 학교를 뛰쳐나와 다시 도전했고, 2년 후인 네 번째 시험에 겨우 합격했다. 그리고 곧 바로 결혼했다.

그 후로 40년, 강산이 네 번이나 바뀔 정도로 긴 세월이다. 이 오랜 기간을 어찌 순탄하게만 보냈을까? 때로는 다투고 때로는 싸우기도 했다. 남들도 비슷하겠지만, 우리의 싸움도 대부분 자존심을 세우려다 발생했다. 그런데 당시의 상황은 내가 자존심을 내세울 처지가 아니었다.

셋집을 전전하면서도 불평 한마디 없던 그녀에게, 심지어 시동생의 등록금 마련을 위해 나도 몰래 결혼반지를 판 그녀에게 무슨 할 말이 있으랴. 그 가운데서도 딸 둘을 잘 길러 나름대로 행복한 가정을 이루었는데.

한편 직장생활도 겉으로는 순탄했다. 남들이 부러워(?)하는 국세청에서 정년퇴직을 했으니. 그러나 그 세월의 대부분을 컴퓨터와 같이 씨름하며 보냈을 뿐, 권세 있는 자리에는 앉아보지 못했다. 지방의 세무서장을 지낸 몇 년을 제외하고는. 그래도 크게 품위를 잃지 않고 지낸 것은 여러 선후배와 동료들 때문이었다.

그러는 동안 나라도 사회도 많이 변했다. 이제는 산업화와 민주화가 어느 정도 이루어졌고, 나를 억누르던 그 분위기도 바뀌었다. 적으나마 연금이 있어 경제적 자유를 누릴 수 있고, 자녀들도 취업하고 결혼했으니 부모의 책임에서도 벗어났다.

사람들은 자기가 베푼 일은 잘 기억하지만, 받은 것은 쉽게 잊어버린다.

나도 마찬가지였다. 지금까지 내가 받은 그 많은 도움과 사랑을 다 잊고 혼자 잘난 척하기에 급급했다. 참으로 부끄러운 일이다. 그렇다면 앞으로는 어떻게 살아갈 것인가? 받은 도움과 사랑을 하나씩 갚아 나가야 하지 않을까?

우선 아내부터 시작하자. 먼저 그녀에 대한 나의 태도를 바꾸어야겠다. 내 속에 숨어있던 가부장(家父長)적인 생각을 완전히 버리고, '내 삶'이란 말도 '우리의 삶'이란 말로 고치도록 하자. 이에 더하여 사랑의 온도도 높여주어야지. 가끔 마주 보며 웃어주고, 나란히 걸으며 손을 잡아 주리라. 웃는 그 눈길에서 행복이 싹트고, 부여잡은 그 손의 따스함에서 행복이 자라날 터이니. 이제는 내가 그녀의 마음을 다독여주는 사람이 되어야겠다.

그리곤 늘 주변을 돌아보아야지. 내가 신세를 진 사람이나 내 도움이 필요한 곳이 어디 없는가 하고. 조금이나마 신세진 것을 갚는 것은 당연하고, 직접 은혜를 갚을 수가 없더라도 항상 고마워하는 마음만은 가지고 살리라. 아니면 주변의 다른 사람에게라도 작은 온기(溫氣)나 촉촉한 습기(濕氣)를 나눠주며 살리라.

컴퓨터를 끄고 청소기를 찾아든다. 에이브러햄 링컨의 '삶의 가치란 얼마나 오래 살았느냐보다 어떻게 보람차게 살았느냐에 달려있다.'는 말을 생각하며.

(2013. 1. 17)

* "지는 것이 이기는 것이다."라시던 할머니 말씀. 그때는 납득을 못했는데 이제와 생각하니 손자병법보다 더 뛰어난 전술이었다. 특히 부부싸움에서는.

첫 눈

간밤에 눈이 왔다. 올해 들어 첫눈이다. 예나 지금이나 눈은 내 마음을 설레게 한다. 눈을 보면 먼저 떠오르는 것이 고향의 풍경이다. 초가지붕을 덮은 눈, 장독대에 앉은 눈, 담장 위에 드러누운 눈, 그리고 대밭의 댓잎에 쌓인 눈….

눈은 세상의 모든 것을 깨끗하게 한다. 눈 덮인 산과 들, 눈 덮인 마을과 도시. 달동네의 지붕도, 건설 공사 현장도, 마을 변두리나 골목 구석의 쓰레기까지도 다 덮어준다. 나아가 녹아 물이 되어서까지 맞닿는 모든 것을 다 씻어주고는 한마디 불평 없이 그 더러움을 끌어안고 떠나간다.

또 눈은 세상 모든 것을 겸손하게 한다. 뻣뻣한 나뭇가지의 고개를 숙이게 하고, 잘난 척 하늘 향해 턱을 쳐든 기와집을 눌러 납작하게 한다. 화려함을 자랑하던 빨강, 노랑 따위의 모든 색깔을 다 덮어 소박하게 하는가 하면, 앞지르기 좋아하는 자동차를 엉금엉금 기어가게 하여 교만을 꺾어 놓는다.

그리고 눈은 그 무엇을 그립게 한다. 눈 덮인 산속 통나무 집, 활활 타오르는 난로와 그 위에서 달그락달그락 소리를 내는 주전자, 먹이를 찾아 내려와 낮은 울타리를 넘겨다보고 있는 사슴 두 마리 - 엄마 사슴과 아기 사슴 -, 휙휙 소리 내며 지나가다 창문을 두드려 주는 찬바람, 칼날처럼 희게 빛나는 달빛, 그리고 문틈으로 이를 내다보던 꿈 많던 그 소년. 이 모든 것이 그리워진다.

눈으로 내 마음도 깨끗해졌으면 좋겠다. 욕심으로 더러워진, 미움과 시기로 검게 된, 자랑과 교만으로 굳어진 그 마음이. 아니 내가 눈이 되었으면 좋겠다. 그리워하는 자에게 꿈이 되고, 외로워하는 자에게 벗이 되고, 아파하는 자에게 희망이 되는 그런 눈이.

(2009. 2. 3)

* 그 눈은 오히려 제주도에 더 많이 왔다. 애들과 늦게 극장에서 돌아오다 눈 때문에 차를 버려두고 온 적도 있다. 눈에 덮인 우리 집. 언덕 위의 하얀 집.

내가 없어도

방광에 돌이 생겨 수술을 받고 1주일 만에 돌아왔다. 결과가 좋아 기쁜 마음으로. 집에는 아무 일 없었고 봄 방학을 맞은 손자들이 어울려 놀고 있다. 저희끼리 노느라, 달려와 안기지도 않는다.

주일에 찾아간 교회도, 화요일의 수필 반(隨筆 班)도 마찬가지다. 구정(舊正)이 끼어 있어 3주나 빠졌는데도 반갑다고 인사는 하지만, 내가 없어서 불편했다거나 어려움을 겪었다는 표정은 눈곱만큼도 없다.

그렇다면 대체 내가 존재해야 하는 이유가 무엇인가? 비록 작은 모임이지만 그래도 이곳에서만은 내가 꼭 필요한 사람이라 생각했는데 착각이었나 보다. 세상은 내가 없어도 잘만 돌아간다. 어째 좀 씁쓸하다.

대학을 졸업하고 국가 공무원이 되었다. 그리고 7년간 지방 세무서 근무를 거쳐 본청 전산실(電算室)에 들어와 15년을 보냈다. 세무서로 나가면 2년 만에 다시 불러오고, 다시 나가면 또 불러오고. 나를 계속 부른다는 것은 그만큼 내가 필요했기 때문이라 생각했다.

그러나 막상 승진하여 그 부서를 책임질 만한 지위가 되자 다른 곳으로 발령해버렸다. 지금까지의 경력이 아무 소용없는 곳으로. 하면 왜 그 오랜 기간을 붙잡아 두었을까? 설마 아무도 가지 않으려는 자리라서?

국세청을 퇴직하고 OO그룹에서 잠깐 근무할 때만 해도 많은 사람이 부러워했다. 그룹 내 지위도, 그에 따른 연봉(年俸)도 꽤 높았으니. 그러나 그곳에서마저 퇴직하자 상황은 급변했다. 연말이면 쌓이던 연하장도, 식사나 한번 같이하자는 전화 연락도 거의 사라졌다. 곰곰이 생각해보니 그것은 당연한 일이었다. 높다고 믿었던 존재가치가 내 것이 아니라, 내가 속한 조직의 것이었으므로.

무심코 내다본 창밖. 눈에 짓눌린 대나무가 허리를 굽혀 신음하고 있다. 그에 비해 잎이 떨어진 나무들은 이를 비웃는 듯 오히려 쌩쌩하다.

그렇다면 대나무 같은 상록수는 왜 겨울인데도 잎을 떨구지 않는가? 다 아는 사실이지만 나무의 푸른 잎은 광합성(光合成) 작용을 한다.

또 그 결과로 탄수화물이 만들어지고 산소가 생겨난다. 겨울이라고 탄수화물이 없어도 되고, 겨울이라고 산소가 불필요한 것 아니니, 대나무 같은 상록수가 그 일을 맡은 것 같다. 타인을 위해 자기를 희생하는 그 숭고한 모습에 가슴이 뭉클해진다.

눈(雪)도 마찬가지다. 건조한 겨울 산. 눈이 오지 않으면 바짝 마른 잎은 금방 불이 붙고 강한 바람을 타고 쉽게 번져나간다. 그러나 눈이 내리면 이를 막을 수 있다. 그뿐 아니라 겨울 가뭄도 해결해 주고.

새삼 나뭇잎이나 눈의 존재가치를 깨닫고는 숙연해진다. 참으로 놀라운 자연의 조화요. 하나님의 섭리다. 그렇다면 지금의 나는 저 나뭇잎이나 눈보다도 존재가치가 더 낮은 것인가?

꼭 그런 것은 아니다. 어떤 경우도 존재가치는 절대적이지 않다. 때와 장소, 상대에 따라 크게 달라진다. 비록 국가적으로나 사회적으로는 내 존재가치가 떨어졌다 해도 집안에서는, 손자에게만은 조금쯤 남아있지 않을까? 그리고 존재가치는 능력이나 지위에 따라 생기기도 하지만, 선거 때처럼 존재 자체만으로 가치를 가지기도 한다.

나아가 눈에 보이지 않는다고 해서 없거나 낮은 것도 아니다. 평소에는 없는 듯하다가, 어려운 상황을 만날 때 나타나기도 한다. 임진왜란이 없었다면 이순신 장군의 존재가치가 그렇게 크게 드러났을까?

그런데도 어떻게 해서든 자기의 존재가치를 나타내려고 애쓰는 사람이 많다. 특히 정치가나 연예인 중에서 자기의 존재가치를 보이려고 엉뚱한 말이나 행동을 해서 눈살을 찌푸리게 하는 경우도 종종 본다.

올해로 90이 되신 장모님이 치매 증상을 보이므로, 자녀들이 의논하여 가사 도우미를 쓰기로 했는데 장모님은 이를 싫어하셨다. 도우미가 출근도 하기 전에 당신 손으로 식사 준비와 청소까지 다 해버리신다. 왜 그러실까? 늙고 병이 들었지만, 아직은 무엇인가 할 수 있다는 것을, 당신의 존재가치를 자식들에게 보여주려고 그러시는 것 같아 눈시울이 뜨거워진다.

솔직히 내 존재가치의 하락이 못내 아쉽기는 하다. 그러나 한편으로 그것이 더 좋은 현상이라고 자위도 해본다. 그만큼 안정된 사회, 안정된 가정임을 나타내는 것이니. 아내가 내 가치를 인정 않는 것은 자기가 건강하기 때문이고, 자식들이 아빠의 가치를 높게 여기지 않는 것도 경제적 자립이 되기 때문이리라. 또 손자들이 할아버지의 가치를 인정하지 않는 것은 그만큼 컸다는 뜻이 아닐까? 이 얼마나 감사한 일인가?

토요일이 기다려진다. 이번 주에도 손자들이 올 것이다. 그리고 유치원에 다니는 막내를 앞세워 세 손자가 할아버지를 공격할 것이다. 총칼은 물론이고 로봇, 미사일, 레이저 광선 등 온갖 신무기(?)를 다 동원하여. 이렇게 적(敵)으로라도 존재가치를 인정받으니 그나마 다행한 일 아닌가?

그래도 아내에게서만은 예전과 같은 존재가치를 인정받았으면 좋겠다.

(2015. 7. 4)

* 아내가 무엇을 해주기를 기다리지 말고, 내가 아내를 위해 무엇을 할까 생각하라. 나아가 내일 지구가 멸망하더라도 오늘은 아내를 위해 설거지를 해주어라. - 담임목사님의 설교 중에서

더덕 이야기

우리 장모님은 고집이 대단하다. 당신께서 옳다고 생각하면 절대 굽히지 않으시며 기어이 뜻대로 하신다.

올해에 세수 88세로 속칭 미수(米壽)시니, 노인 중에도 상 노인(上 老人)이지만 여전하시다. 고집쟁이 장모님. 때로는 그 고집이 귀찮기도 하지만, 많은 경우 내 가슴을 뭉클하게 만들고, 나아가 눈시울을 젖게까지 한다. 당신 고집의 진정한 의미를 알기에.

최근 몇 년 동안 처가인 경주에 들를 때마다 받아오는 물건이 있다. 더덕이다. 사정이 있어 들르지 못하면 처남을 통해 보내주시기도 한다.

장모님의 생신인 지난 7월 28일 경주에 들렀다가 또 받아

왔다. 설날과 어버이날에 이어 올해에만 벌써 세 번째다. 더덕 뿐이 아니다. 해마다 각종 장(醬)도 담가 주신다. 부쳐주신 그 간장, 된장, 고추장 그리고 온갖 장조림은 1년 내내 우리는 물론 두 딸네와 사돈에게까지 나눠 줄 수 있다.

정기적으로 보내주시는 장(醬)은 2남 3녀의 모든 자녀에게 보내시지만, 수시로 보내주시는 더덕은 오직 맏사위인 내게만 보내신다. 다른 딸이나 아들이 항의해도 전혀 듣지 않으신다. 왜 그러실까? 아마 더덕이 몸에, 특히 내게 좋다는 말을 어디서 들으신 모양이다. 3년 전 전립선과 방광 수술을 하고 그 후 유증에 시달리는 나를 생각해서인 것 같다.

인터넷에 찾아본 더덕의 효능은 한마디로 다양하다. 사삼(沙蔘) 또는 백삼(白蔘)이라고도 불리는 더덕은 초롱과에 속하는 다년생 초본으로, 가을이나 봄에 캐어, 햇볕에 말린 뿌리가 주된 식품이다. 단백질, 지방, 탄수화물 등이 골고루 들어 있고, 칼슘이나 칼륨, 비타민B도 풍부하단다. 인삼에 들어있는 사포닌도 많이 들어 있다고 한다.

'동의보감' '본초강목' 등 옛 의서(醫書)는 물론 '약용식물 대사전'이나 '한국 야생식용식물 자원 - 성분과 생리활동' 같이 근래에 발간된 책에 수록된 내용도 놀랍기만 하다.

우선 더덕은 유해 콜레스테롤을 녹여주어 혈압을 정상화한단다. 또 기침을 멎게 하고 가래를 삭이는 효능이 있어 감기, 천식 등 호흡기질환에도 좋다고 한다. 노화와 스트레스의 원인이 되는 활성산소를 제거하는가 하면, 사포닌의 소염효과로 기관지염, 편도선염, 인후염 등의 염증에도 잘 듣는다고 한다.

아토피나 다른 피부질환에도 좋을 뿐 아니라, 피로 회복이나 병후 체력 회복, 변비나 갈증 해소에도 도움이 된단다. 특히 신장(腎臟)을 이롭게 한다는 기록이 여러 곳에 있으니 장모님께서 내게만 이 음식을 주는 이유가 거기에 있지 않을까 싶다.

장모님은 더덕을 조리하는 과정도 꼭 당신 고집대로 하신다. 다른 사람의 손을 일절 빌리지 않으신다. 가까이 있는 둘째 딸이나 셋째 딸이 도와주려고 해도 "너희는 못한다." 하시며 거절하신단다. 시장에 직접 나가 자연산 더덕을 고른 후, 흐르는 물에 한 번 씻어내고는 칼로 껍질을 하나하나 벗기신다. 손에 즙액이 묻지만, 전혀 상관 않으신다.

그런 다음 칼등으로 자근자근 두들기고는 고추장과 꿀, 참기름 등의 양념을 하여 병에 담아 두셨다가 보내 주시는 것이다. 이렇게 만든 더덕 무침이나 장아찌는 특유의 향기가 살아있고, 아삭아삭 씹히는 맛이 더욱 좋다.

장(醬)을 담글 때도 마찬가지다. 장인어른과 함께 의성(義城)이나 영양(英陽) 등의 시골 장에 들러, 국산 콩과 질 좋은 고추 등을 현지에서 사들여 직접 담그시니, 이보다 더 좋은 장이 어디 있으랴. 좋은 재료에 정성을 다한 제조과정을 안 후에는 그냥 먹기가 아깝다.

장모님의 선물이 어찌 더덕이나 장뿐이랴. 설이나 추석 때 들르면 과일 상자와 더불어 강정, 약밥, 수정과 등 음식과 나물 등을 보따리 보따리로 챙겨 주신다. 그렇다고 농사를 짓는가 하면 전혀 그렇지 않다.

언젠가 결혼 때 이바지로 보내주셨던 엿이 참 맛있었다고 했더니 기어이 또 새로 만들어 보내주셨다. 콩엿, 깨엿, 계피엿, 생강엿, 호두엿 등 다양한 종류로. 그 때문일까? 멀어져가던 부부 사이가 다시 가까워진 것은.

사실 더덕은 대부분 가정에서 그냥 반찬으로 애용될 뿐이다. 다양한 약효가 있다지만 치료약으로 보다는, 매일의 음식에서 조금씩 섭취되어 건강을 지켜주는 건강식품으로 더 애용되고 있다.

장모님의 성품도 이와 같으신 분이다. 결혼 초부터 위로 두 동서와 세 시누이에게 모든 것을 양보하고 배려하시므로 온 집안을 화목게 하고, 온 식구를 형제같이 친하게 만드셨다. 시어른은 물론이고 시숙들이나 심지어 조카들까지 다 장모님을 좋아했다. 오죽했으면 큰 시숙께서 "한강 아래서는 제일가는 며느리."라고 하셨을까.

그러나 장모님의 가장 큰 선물은 더덕이 아니다. 장(醬)도 또 다른 어떤 물건도 아니다. 평생을 하루같이 새벽마다 교회에 나가서 자녀들을 위해서 드리는 간절한 기도가 제일 큰 선물이다. 2남 3녀인 자식의 부부와 그들의 자식인 12명의 손자 손녀들의 이름을 하나하나 불러가며 간절히 드리시는 기도. 그 덕분인가. 자녀는 물론 손자 손녀들까지도 한 사람도 잘못된 길로 들어서지 않았다. 다 순탄하게 원하는 대학이나 직장에 다니고 있다.

혹시 사정으로 새벽기도에 빠지게 되면 집에서라도 그 시간을 기도하시는 분. 알아주는 사람 없어도 남을 도와주고 나눠주시는 분. 많은 기독교인이 믿음만을 강조하며 행동하지 않을 때도 말없이 사랑을 실천하시는 분이시다. 더덕처럼 조금도 자기를 내세우지 않으시며.

고집쟁이 장모님! 지금도 고집을 꺾지 않으시지만, 그 고집이 자기가 아닌 남을 위한 고집이기에 말릴 수 없다. 그만 보내시라고 몇 번을 말씀을 드려도 전혀 듣지 않으시는 장모님. 이제는 허리가 아파 직접 시장에 가시지 못하고 다른 사람에게 부탁하여 사 오시면서도 끝내 보내주시는 그 더덕이 목에 걸려 넘어가지 않는다. 다만 오래 사시기를 기원할 뿐이다.

(2012. 8. 8)

* "딸이 안사돈 되실 분의 반만 되어도 1등 며느릿감이다."라고 맞선을 본 후 아버지께서 말씀하셨다. 돌아보면 그 정도는 한 것 같은데. 너무 과한 평가였나?

돌다리를 건널 때는

"아빠, 지금 아빠에겐 PC가 더 중요해요? 엄마가 더 중요해요?"

매일 컴퓨터 앞에 앉아 있는 내게 큰딸이 따지듯 묻는다. 그런데 듣고 보니 PC가 아내보다 좋은 점도 적지 않다.

첫째는 언제나 제자리를 지킨다는 것이고, 다음은 내 말에 절대 순종하는 것이다. 하나를 더 들자면 잔소리를 하지 않는 것이겠지. 같은 점도 많다. 둘 다 늙어간다는 점, 점점 까탈이 늘어난다는 점과 가끔 돈을 요구한다는 점이다.

나아가 하루 중 함께 있는 시간을 따져 봐도 PC가 더 많다. 물론 지난 세월을 다 합해 보면 아내와 같이한 세월이 훨씬 더 길지만, PC를 비롯한 컴퓨터와 함께한 세월도 절대 만만치 않다. 이처럼 컴퓨터는 내 삶의 많은 부분에 끼어들어 서로 영향을 주고받았다.

1980년 봄. 부산의 한 세무서에 근무하던 나에게 느닷없이 컴퓨터 교육을 받으라는 명령이 떨어졌고, 교육이 끝나기도 전에 국세청 전산실(電算室)로 발령이 났다. 그곳에서 컴퓨터와 함께 K사무관(事務官)을 만났다. 그는 전산실의 초창기부터 있었던 직원으로 거기서 사무관으로 승진했고 나이도 나보다 5~6세 더 많았다. 나와는 달리 성격이 적극적인 데다 매사에 자신감이 넘쳤다.

본래 컴퓨터는 겉과 속이 다른 물건이다. 2중 인격자라고 할까?

자판(字板)만 두드리면 원하는 해답이 즉시 튀쳐나오는 꿈같은 기계이지만, 그렇게 되기 위하여 보이지 않는 곳에서 엄청난 노력을 쏟아부어야 한다. 수많은 자료가 입력되고 정리되고 또 축적되어야 한다. 그 과정에서 점(點) 하나만 잘못 입력되어도 엉뚱한 결과를 내놓는다. 언젠가는 당시 대통령의 이름을 바꾸어 고지서를 보낸 적도 있었다.

이런 실수를 막기 위해선 일어날 수 있는 모든 경우의 수를 예측하여 미리 대책을 세우는 등, 살얼음판을 딛듯 조심해야 한다. 그래서 100%의 성공 가능성이 있을 때만 시작해야 하는 업무라고 생각했다. 본래 조심성이 많기도 했지만, 매사에 돌다리를 건너듯 두드려보는 버릇이 이때부터 생긴 것 같다.

내가 이렇게 진행될 과정을 생각하며 일하는 것과 달리 K사무관은 언제나 완성된 후를 내다보며 일했다. 그는 60~70%의 가능성만 보여도 일을 벌였고, 실패를 두려워하지 않았다. 언제나 5~10년 후의 희망적인 얘기를 했는데 그것이 오히려 상급자들에게 좋은 평가를 받은 것 같다.

국세청 전산실은 전 국민의 재산과 소득 및 거래상황까지 다 들여다보는 중요한 곳이지만, 승진이 잘 되는 자리는 아니었다. 운이 좋아야 3~4년에 한 명 정도가 승진되었다. 그렇다고 해도 승진할 때가 임박한 그도, 나도 다른 곳으로 옮길 수 없었다. 결국, 두 사람이 경쟁하게 되었고, 매사에 적극적인 그에게 내가 밀렸다. 객관적인 점수는 내가 더 높았는데도.

그런데 기적 같은 일이 일어났다. 하나님의 은혜인가? 한 사람도 어려운 전산실에서 K사무관과 내가 같이 승진되고, 또 1, 2과장으로 나란히 임명된 것이다. 전무(前無)했고 후무(後無)할 일이었다. 그 후엔 누가 먼저 세무서장으로 나가느냐로 경쟁했고, 이번엔 내가 이겼다. 불과 3년 만에 되돌아 왔지만.

이렇게 내 직장생활의 ⅔를 대형 컴퓨터와 함께, 그 이후로는 PC와 함께 보냈다. 실수하지 않으려고 낱알을 하나하나 헤아리는 동안 동기생들은 훨씬 앞서 가버렸다. 내가 한 직급 더 승진하여 겨우 컴퓨터를 떠났을 때는 그들 대부분이 이미 승진한 후였다. 그렇다고 후회하지는 않는다. 다만, 나에게 관리자로서의 적극적인 자세가 부족했던 것이 아쉬울 뿐이다. 특히 일의 시작 단계에서 너무 꼼꼼히 챙기다가 오히려 우물쭈물하는 것으로 인식된 것이 더 안타깝다.

비록 오랜 세월을 함께 있었다 해도 컴퓨터를 아내와 비교하는 것은 당치 않다. 내가 컴퓨터와 함께한 그 세월을, 아내는 내 적은 월급으로 두 딸을 키우고 어머니의 생활비와 동생들의 등록금을 대느라 온갖 고생을 다 했다. 친밀도도 다르다. 아내와는 달리, 컴퓨터는 젊었을 때부터 떼어 버리려고 갖은 애를 다 썼다. 비록 실패로 끝났지만.

세월 따라 마음도 변하는가 보다. 전에는 미워했던 컴퓨터가 점점 몸집을 줄여 PC로 변하니 이제는 떼려야 뗄 수 없는 친구가 되었다. 반대로 아내는 늘어나는 나이만큼 목소리가 커졌고, 거리도 멀어졌다. 두 딸마저 이제는 아빠 말을 듣지 않고 이렇게 항의도 한다. 마음이 뜨끔했지만 그래도 당당하게 대답했다. "컴퓨터는 내 도구다. 어찌 도구를 아내와 비교하느냐?"

라고.

그리고 잠시 기다렸다가 내 경험담 한 마디를 덧붙였다. 비록 제 엄마 편만 드는 딸이지만 그들의 앞날을 위해서.

"돌다리를 건널 때는 두드려 보지 말고 그냥 뛰어 건너라. 눈앞이 아니라 그 너머를 바라보며."

(2013. 11. 11)

* 오늘날의 돌다리는 두드려볼 필요가 없다. 믿고 주저 없이 건너라. 그러나 행복의 길에 있는, 건강과 노후 대책, 자녀 교육 같은 다리는 두드리고 또 두드려 봐라.

황성공원에서

가을은 어디서 오는가? 요즘 들어 유난히 더 높아 보이는 저 하늘. 구름 한 점 없는 그곳엔 이미 가을이 온 것 같다. 그러고 보니 단풍도 산꼭대기부터 시작하고, 나뭇잎마저 가지 끝부터 물든다. 아내와 함께 찾아간 고도(古都) 경주. 거기도 북쪽 언저리의 황성 공원(皇城公園)에서부터 가을이 시작된다.

공원엔 소나무, 참나무, 밤나무 등 늙은 나무들이 키를 뽐내며 숲을 이루고 있다. 그중 소나무는 우산을 든 것처럼 머리 위로만 가지와 잎을 펼쳐, 가을이 내려오는 것을 막고 있다. 그러나 세월 탓인가? 허리가 굽고 팔다리가 휘어져 여기저기 틈새가 많다. 가을을 앞당기는 달빛이 그 틈새로 들어와 얼룩을 만든다.

바랭이나 강아지풀에 이슬이 맺힌 것도 틈새를 막지 못한 탓이리라. 그래도 몇몇 풀들은 고개를 들어 가을을 거부하고 있다. 그런가 하면 어둠을 쫓아내려고 여기저기 서 있는 가로등. 그 불빛을 찾아드는 부나비들의 날갯짓도 힘이 없다. 곤충도 날아다니는 것이나 나무 끝에서 울던 것들이 먼저 가을을 받아들이는 모양이다. 땅에 사는 것들은 미약하게나마 아직도 가을을 거부하고 있는데. 그러나 이들의 안간힘에도 불구하고 가을은 이미 와 버린 것 같다.

공원 한쪽에 설치된 의자는 낙엽들 차지다. 눈으로 양해를 구하고 끼어드는 내 옷에 다른 낙엽이 내려앉는다. 제자리라고 항의하는 건가? 그래도 이 적막을 깨지 않으려는 듯 말은 없다. 가을도 이 낙엽처럼 소리 없이 찾아온다. 외롭게 그리고 쓸쓸하게…. 이들의 항의를 무시하고 자리에 앉은 후 고개를 들어 주변을 살펴본다. 산책길을 걷거나 뛰고 있는 사람들, 운동기구에 매달려 있는 사람들. 저들도 가을이 오는 것을 막으려고 저렇게 몸부림치는 것 같다. 어째 씁쓸하다.

한구석에 묵묵히 서 있는 박목월 시인의 노래비. 찾는 사람도 보는 사람도 없는 이 밤. 노래비는 너무 외롭다. 가슴을 저리게 한다. 언덕 위의 김유신 장군 기마 상(騎馬 像)도 마찬가지고.

신라가 망한 지도 천 년. 이 긴 세월 동안 공원은 천 번을 넘게 가을을 맞고 보냈다. 그 속의 나무들, 풀들, 동물들 그리고 거쳐 간 많은 사람들. 그 누구도 그 무엇도 가을이 오고 가는 것을, 계절이 바뀌는 것을 막지 못했다. 모두가 세월 따라 왔다가 갔고 또 흘러가고 있다. 이래서 인생무상(人生無常)이라 하는가? 나 또한 한 사람의 나그네가 되어 결국 떠나가리라는 마음을 떨치지 못하니 가을은 또한 서글픈 계절인가 보다.

그렇다고 모든 사람이 다 가을을 쓸쓸하다고 여기지는 않을 것이다. 황금 들녘을 바라보는 농부들. 수확을 앞에 둔 그들의 검게 탄 얼굴엔 자랑과 기쁨만이 가득하겠지. 또 봄내 여름내 땀 흘려 곱게 키운 열매와 잎을 세상에 내보내는 풀도 나무도 마찬가지고.

나무나 풀 혹은 벌레들이 가을을 거부하는 것도 가을이 정말 싫어서 그러는 것일까? 혹시 저들은 아직도 제 할 일을 다 하지 못했기에 조금만 기다려달라고 그러는 것은 아닐까?

그래도 내게 가을은 여전히 서글프고 쓸쓸한 계절이다. 왜? 떨어지는 나뭇잎과 함께 아무 보람 없이 또 한 해가 가는구나 하는 아쉬움과 올해도 거둘 열매가 없다는 안타까움 때문이다. 그러나 무엇보다도 '나도 저들처럼 곧 떠나겠지.'라는 생각을 금할 수 없기 때문이다. 그것은 나에게 사랑하는 사람들과 같이 있을 날이 그리 많지 않다는 것을 가르쳐 주니.

한숨으로 쓸쓸함을 떨쳐낸다. 그리고 마음을 추스른다. 어쩌면 저 낙엽에겐 이 가을이 끝이 아닌지도 모른다. 또 그들은 내년을 기약하고 웃으며 떠나는 것인지도 모른다. 마찬가지로 우리의 삶도 이것이 끝이 아니고 다른 삶이 기다리고 있는 것은 아닐까? 그렇다면, 정말 그렇다면 나도 이곳을 웃으며 떠나리라. 그녀와 같이 갈 수만 있다면. 아니 다시 만날 수만 있어도.

일어나 공원을 나선다. 달빛이 그림자 되어 쫓아오는 것도 깨닫지 못한 채.

(2009. 10. 10)

* 처갓집 바로 앞에 황성공원이 있고, 그곳에 박목월 시인의 시비(詩碑)가 있다. 거기 새겨진 시인의 대표작은 바로 '송아지'다.
" 송아지, 송아지 얼룩송아지. 엄마소도 얼룩소 엄마 닮았네."

3부

세 번째 애독자는 두 딸과 두 사위다.
아빠를 따라 서울로, 부산으로, 또 제주도로 옮겨 다니면서도
늘 아빠의 기쁨이 되어주었던 너희들.
이제는 떳떳한 직장인으로서, 한 가정의 아내와 엄마로서 맡은 일을
잘 감당하는 너희들이기에 아빠는 자랑스럽다.
그런 너희의 더 나은 삶을 위해 몇 편의 글을 써 보았다.

꿈을, 소망을 가져라.
그리고 그 꿈을 향하여 한걸음 한 걸음 나아가라.
사랑하는 남편과 손잡고 발맞추어 나란히….
비록 그 꿈이 세상을 바꿀만한 큰 일이 아니면 또 어떠랴?

인생을 어떻게 살아야 하는지에 대한 정답은 없지만,
그래도 꿈을 가지고 그 꿈에 도전하는 삶을 살라고 권하고 싶다.

훗날 뒤돌아볼 때 후회하지 않도록.

자녀들의 손을 잡고
꿈을 좇아 갈 때도 발걸음이 가볍다

가을 나들이

가을은 쓸쓸한 계절인가 보다. 꽃이 지고, 풀도 시들며 철새마저 떠나니. 귀뚜라미 울음 따라 이 밤에도 몇 개의 잎이 떨어지고, 쓸쓸함도 더 깊어지겠지. 이 마음을 가다듬으려면 어디 가까운 곳에라도 다녀와야겠다. 가을이 가기 전에, 꽃과 풀이 다 사라지기 전에.

억새가 한창인 하늘 공원*을 찾았다. 아내와 딸네 가족과 함께. 온 산봉우리를 덮고 있는 억새들. 미로 같은 숲에서 자칫하면 이산가족이 될 것 같아, 개구쟁이 손자 녀석에게서 눈을 떼지 못한다. 메뚜기처럼 어디로 튈지 모르니.

---

*하늘 공원: 서울시 마포구 상암동에 있는 생태환경공원으로 17회 월드컵 대회를 기념하기 위해 만들었음.

이곳의 하늘이 유난히 더 푸른 것은 강인한 잎새와는 달리 여리디 여린 억새꽃이 날마다 시간마다 쓸어주기 때문이리라. 그러나 하늘을 쓸다가 가슴까지 쓸어내고 있는 줄 억새는 모르는 것 같다.

억새밭 가운데 전망대. 사발 모양의 3층 구조물이다. 한 뼘 너비의 철판과 쇠밧줄로 빙빙 돌아가며 얼기설기 벽을 만들었으나 철벽은 아니다. 모든 층, 모든 벽에 구멍이 숭숭 뚫려 안팎이 훤히 드러난 엉성한 벽이다. 난간을 따라 돌고 있는 사람들. 그리고 밧줄에 매달린 수많은 자물쇠. 이른바 사랑의 자물쇠다. 그러나 이 자물쇠로 가능할까? '갈대와 같은 여자의 마음'을, 그것도 갈대와 비슷한 이 억새밭에다 잡아두겠다는 생각이. 아무래도 어리석은 몸부림 같다.

손자 녀석이 그중 번호 자물쇠 하나를 열려고 땀을 뻘뻘 흘린다. 사랑의 약속을 깨어버리겠다며.

그는 자기를 사랑의 파괴자라 말하지만, 어쩌면 자물쇠에 꽁꽁 묶인 사랑을 풀어주는 구원자일지도 모르겠다. 다른 쪽에선 제 엄마와 아빠가 억새를 배경으로 서로 사진을 찍어주며 사랑을 다짐하고 있는데. 마음으로 된, 영원히 깨지지 않을 새로운 자물쇠를 만들고 있는데.

억새 숲 한쪽으로 길게 펼쳐진 코스모스 꽃밭. 하얀, 분홍,

빨간 꽃들이 하늘하늘 춤을 추고 있다. 그 모습이 너무 아름다워 지나가는 바람이 애무하려 들지만, 코스모스는 실체 없는 바람의 유혹을 피하려고 몸부림치고 있다. 그러나 결국 붙잡히고 말 것 같아 안타깝다.

그런가 하면 그 꽃에 자리를 잡으려는 고추잠자리도 마찬가지다. 이 가을이 가기 전에, 추위가 오기 전에 짝짓기를 하려는 잠자리. 그를 도와주지는 못할망정 이리 피하고 저리 피하고 한없이 애를 태우는 코스모스의 장난이 얄밉다. 어쩌면 바람에 당한 화풀이를 잠자리에게 하는 것인가.

온갖 방해를 물리치고 겨우 자리를 잡았는데 또 하나의 훼방꾼이 나타났다. 손자 녀석이 이를 노리고 있다가 짝짓기를 하는 두 마리를 한꺼번에 잡는다. 이 개구쟁이는 여기서도 사랑의 방해자다.

가을은 한해를 마감하는 계절이다. 겨울이 있다지만 그 겨울에 들어서자마자 곧 해가 끝난다. 그마저도 잔뜩 움츠리고 있어야 하는 계절이고. 가을이 쓸쓸한 것은 어쩌면 이 끝난다는 생각 때문이 아닐까? 해가 바뀐다고 해도 그게 끝은 아닌데. 내년으로 이어지는 과정일 뿐인데.

저들은 어떤가? 머리가 하얘진 억새도, 바람에 흔들리다 지친 코스모스도, 짝짓기를 이루고 힘이 빠진 고추잠자리도 이

가을이 끝이라고는 생각지 않는 것 같다. 모두 내년에 대한 소망을 갖고 준비하고 있다.

본래 쓰레기 매립지였던 이곳 하늘 공원. 여기에 버려졌던 쓰레기조차 썩어 흙이 되고, 또 그 흙이 풀과 나무가 되어 우리에게 돌아왔으니.

하구(河口)에 풍덩 빠져 몸부림치는 저녁 해를 못 본 체하고, 다정하게 손을 잡은 사위와 딸이 앞장서 계단을 내려간다. 돌아가는 길. 가지고 놀던 잠자리를 날려 준 손자 녀석이 이번엔 제 엄마, 아빠 사이에 끼어든다. 끝까지 사랑의 훼방꾼 노릇을 할 모양이다. 그러나 그것은 훼방이 아니라 새로운 사랑의 덧붙임인 것 같다.

손끝에서 손끝으로 전해지는 그 따스함, 눈에서 눈으로 전해지는 그 정겨움, 그리고 입에서 귀로 전해지는 그 달콤한 사랑의 고백이야말로 사랑을 굳혀주는 영원한 자물쇠임을 알아차린 것 같다. 저들도 이 가을을 아름답게 마무리 짓고, 아름다운 내일을 설계하며 늘 이렇게 사랑하며 살면 좋겠다.

나도 쓸쓸하다는 생각 대신 새로운 꿈을 갖고 이 가을을 보내야겠다.

내게 아내가 있고, 자식들이 있고 또 손자들도 있는데 왜 쓸쓸하단 말인가? 슬며시 아내의 손을 잡고는 뒤를 돌아본다. 그리고 가는 가을을 향해 손을 흔들어 준다.

되돌아갈 곳이 있는 여행은 즐겁다. 다시 만날 수 있는 이별은 슬픔이 아니다.

(2014. 10. 14)

* 사랑을 약속하는 젊은이들뿐 아니라, 억새나 고추잠자리 같은 미물(微物)에게도 꿈이 있고, 또 그 꿈을 위해 노력할 때 행복해 한다는 것을 발견했다.

발리 여행기

지구가 태양을 한 바퀴 도는 시간을 1년이라고 하고, 그 1년을 365일로, 하루를 24시간으로 정하여 지키고 있다. 그런데 아이러니하게도 사람들은 자기가 만든 바로 그 시간의 제약에서 벗어나지 못하고 있다.

왜 그럴까? 왜 우리는 삶의 모든 과정을 시간의 테두리 안에 갇혀 사는 것일까? 일상(日常)을 벗어남으로써 그 해답을 찾아보려고 발리로 가는 딸네의 휴가 여행에 참여했다. 사위의 권고에 못이기는 척하며.

여객기가 발리 국제공항에 도착한 것은 오후 7시 30분. 이때부터 4박 5일간의 휴가가 시작되었다고 생각했으나 착각이었다. 휴가가 아니라 '아기 보는 일'의 연장이라는 것을 바로 그 저녁에 알아차렸다. 산책 갔다 온다며 손자를 맡기고 나간 딸과 사위가 밤이 늦도록 돌아오지 않는 것이다.

시간이 늦어지자 엄마가 보고 싶다고 칭얼거리는 손자와 함께 두 번이나 로비로 내려가 보았다. '혹시 길을 잃은 것은 아닐까?' 걱정하는 손자를 달래주지만, 걱정도 전염되는 것 같다.

머리 위로 유난히 밝은 별 몇 개가 십자(十字)를 만들고 있으니 남십자성(南十字星)인 모양이다. 그 아래서 엄마를 기다리던 손자마저 잠들고도 한참을 더 지나 12시가 다 되어 돌아온 딸네를 꾸짖자 "미안해요. 아빠! 시간이 이렇게 된 줄을 몰랐어요." 하며 씩 웃는다. 휴가 탓인지 아니면 열대의 기후 탓인지 그들은 벌써 시간의 구속에서 벗어난 것 같았다.

발리는 인도네시아의 자바 곁에 있는 작은 섬이지만, 면적은 제주도의 3배나 되고 인구도 300만을 넘는다. 열대지방이라 기온이 높으나 바닷바람이 있어 그렇게 덥지 않았다. 5월부터 9월까지가 건기(乾期)이고 10월부터 다음 해 4월까지가 우기(雨期)라고 한다.

휴가 첫날. 바나나 잎에서 굴러다니는 햇살이 무척 한가로운 아침. 나도 저 같은 한가로움을 맛보려 침대에서 뒹굴지만, 한나절을 채 견디지 못하고 일어났다. 너무 지루하고 또 답답해서다. 모두같이 가까운 사누르 해변으로 갔으나 그곳도 한가롭기는 마찬가지였다. 띄엄띄엄 서 있는 야자수도, 느릿느릿 움직이는 현지인들도, 모래 위로 살짝 들어왔다가 소리 없이 물러가는 파도도…. 그러다 파도는 손자에게 들켜 같이 술래잡기를 한다. 시원한 그늘에서 냉커피를 한잔 들고 그 모습을 보는 것으로 심심함에서 겨우 벗어난다.

다음 날도 그다음 날도 온종일 자유 시간이지만, 스스로 포기하고 가이드의 도움을 받아 몇 군데 관광 명소를 둘러보았다. 시간을 정하지 않고 돌아다니는 자유 관광이었다. 먼저 푸푸탄 박물관에선 이 나라의 역사를 보았다. 350년의 긴 세월을 식민지로 굴욕을 당하며 살던 모습이 그림으로 전시되어 있다.

그리고 찾아간 가루다 공원에선 그들의 종교를 엿볼 수 있었다. 그곳에선 용을 잡아먹고 산다는 전설의 새 가루다와 그 위에 서 있는 힌두교 최고의 신(神), 비슈누의 상(像)을 만드는 중인데 완성되면 높이가 150m가 넘는 세계 최대의 신상이 될 것이라 한다. 세 번째는 영화 '빠삐용'의 촬영지라는 울루와뚜 사원에서 인도양의 거친 파도와 싸우고 있는 절벽을 보았다. 또 사원 여기저기에서 관광객들이 던져주는 과자나 바나나를 받아먹는 원숭이들, 이들의 삶은 어떤가? 시간도 모르고, 속도도 모르고, 경쟁도 없는 것 같다.

발리의 5일은 이처럼 시간의 구속이 전혀 없는 생활이었다.

세상 소식을 전해주는 신문이나 TV도 없으니 당연한 일이었다. 그렇다면 이 문명의 기기(器機)들 때문에 내가 시간에 매여 살았던가? 아니면 이곳 열대와는 달리 네 번씩이나 바뀌는 우리나라의 계절 탓이었던가? 어쨌거나 이처럼 시간의 제약을 벗어난 삶이 결코 편안하지 만은 않다는 것을 깨달았다.

여러 사람이 어울려 사는 이 세상에서 시간을 정하고 그에 맞춰 생활하는 것은 당연한 일이다. 다만 더 많은 일을, 더 효율적으로 이루어내기 위해 시간 계획을 꽉 채웠기 때문에 쫓기며 살 뿐이다. 퇴직 후에는 이 계획을 느슨하게 잡지만, 그래도 예기치 못한 일이 발생하여 시간에 쫓기게 한다.

문제는 이런 예기치 못한 일에 대한 나의 마음가짐이다. 대부분의 경우 나는 귀찮다고 생각하며 짜증을 냈다. 그러니 스스로 시간에 쫓기며 살아온 것이다.

그러나 딸이나 사위는 나와 달랐다. 그들은 일부러라도 일상의 평안에서 벗어나려 한다. 안정보다는 모험을, 현상유지보다는 도전을 꿈꾸고 있으니. 낯선 곳으로의 여행, 낯선 사람과의 만남, 그리고 낯선 환경에서의 삶을 찾는 것도 그 때문 아닐까? 휴가에 대한 인식도 마찬가지다. 그냥 쉬기를 원하는 나와는 달리, 저들은 새로운 경험을 통하여 에너지를 충전하고, 활력을 얻으려는 것 같다. 손자 녀석조차 얼굴색도 다르고 말도 통하지 않는 파키스탄 아이와 어울려 즐겁게 모래성을 쌓고 있다.

처음 오던 날을 제외하고는 이곳 발리에서 편안함을 실컷 누렸다. 그러나 아무 일 없이 뒹구는 것보다 활발하게 움직이는 것이 오히려 덜 피로하다는 것을 알고는 여러 가지 색다른 경험을 해 보았다. 외국인들과 함께 커피를 마시는가 하면, 낯선 가게에서 흥정도 해보고, 인도양에서 수상스키도 타보고….

어쩌면 휴가뿐이 아니라 우리의 삶 전체가 이렇게 활발하게 움직여야 할 것 같다. 혹시 이것이 젊게 사는 비결이 아닐까?

(2009. 8. 4)

* 여행은 준비할 때 즐겁다. 실제로 움직일 때는 힘들다. 그러나 끝나고 돌아보면 행복하다. 인생도 마찬가지 아닐까?

만경평야에서

신록의 계절 5월. 올해도 어김없이 초록이 쳐들어 왔다.

풀과 나무가 다 군인(草木 皆兵)이 되어 우리 삶의 터전을 빼앗아 가는데도 저항은커녕, 오히려 그들을 위해 논밭을 갈고, 씨를 뿌리는 등 땀을 뻘뻘 흘리고 있다. 나눠주는 약간의 열매나 씨앗에 감지덕지하며.

그렇다고 온 땅이 다 초록의 지배하에 들어간 것은 아니다. 아직은 굴복하지 않고 완강히 버티는 곳도 있다. 둘러 봐도 산도, 숲도, 가로수를 제외하고는 나무도 거의 없는 곳. 과거와는 달리 보리밭의 녹색 파도마저 사라져 버린 이곳. 만경(萬頃) 평야다.

1경(頃)이 밭이랑 백 개를 뜻하니 만(萬) 경(頃)이라면 백만 이랑의 넓디넓은 들이다. 그러나 어찌 만 경만 될까. 평야는 커다란 바둑판을 끝없이 확대해 놓은 것처럼 질서정연하게 펼쳐져 있다. 시야를 가로막는 것이 하나도 없으니 이곳에 서기만 해도 가슴이 탁 트이고, 마음마저 훤하게 열린다. 국내에서 유일하게 지평선을 볼 수 있는 곳이라 한다. 거친 광야 같다는 우리 인생도 이렇게 가로막는 것 없이 탁 트인다면 좋을 텐데. 문득 엊저녁에 찾아왔던 사위의 얼굴이 떠오른다.

"아버님! 잘 다녀오세요. 모시고 가지 못해 죄송해요."라던.

사위의 고향인 상주(尙州)는 들보다 산이 많아 전후좌우가 꽉 막혀있다. 그 때문인지 그곳 사람들은 아직도 족보를 찾고 양반 여부를 따지는 것을 좋아한다. 이런 곳에서 양반집 아이로 자란다는 것은 어쩌면 엄한 조부모와 친척들에게 억눌려 지낸다는 것 아닐까? 혹시 기를 펴지 못하고 살았거나 아니면 엄청난 기대와 부담 속에 컸는지도 모르겠다. 어쨌든 예의 바른 청년으로 자라나 지금은 의사가 되어 작은 병원을 운영하고 있다.

남들이 부러워하는 직업이지만 의사도 많은 스트레스에 시달리며 산다. 온종일 얼굴을 찌푸린 환자들을 만나고 치료해야 한다. 한순간도 마음을 놓지 못하는 것은 아주 작은 실수에도 엄청난 결과가 발생할 수 있기 때문이다. 더구나 환자 중에는 '왜 빨리 낫지 않느냐?'고 호통치는 사람도 있다고 한다. 그 외에 대출금도 갚아야 하는데 환자가 늘지 않는 것도 다른 한 원인이고.

그러나 그는 이 모든 어려움을 어른들에게는 전혀 내색하지 않는다. 걱정을 끼치지 않으려고 그러는 것이리라. 그러고도 집에서는 아내 일을 돕는 모범 남편으로, 아이들에겐 원하는 장난감을 잘 사주는 자상한 아빠로 자기 역할을 잘 해내고 있다. 혹시 이것들마저 마음속에 응어리로 남아 쌓이는 것 아닐까? 이 때문에 더 힘든 것은 아닐까? 대견스럽기도 하고 안쓰럽기도 하다.

비단 사위뿐만 아니다. 나도 그런 압박 속에 자랐고, 그렇게 살아왔다. 국세청 전산실에 근무했던 내가 받아야 하는 스트레스도 엄청났다. 아주 작은 실수 하나가 전혀 예상치 못한 엉뚱한 결과를 초래할 수 있으니. 모든 일을 현미경을 들여다보듯 세밀하게 살펴야 했고 어떤 실수도 용납하지 못했다. 직원의 실수는 물론 나 자신의 실수까지도. 그러나 과연 그래야 했던가? 맡은 일엔 최선을 다해야겠지만, 한두 번의 실수는 용서하는 것도 괜찮지 않았을까? 세상에 완벽한 것은 없고, 한 번의 실수로 세상이 뒤집히는 것도 아닌데.

지금 나는 이곳 만경평야의 한쪽에서 저 넓은 들을 보는 중이다. 그리고 내가 얼마나 작은 존재인가를 깨닫는다. 그렇다. 내가 아무리 발버둥 친다고 해서 이 넓은 세상의 무엇이 얼마나 달라지랴? 세상은 제 갈 데로 갈 뿐이다. 비록 맡은 일이 중요하다

해도 모두를 다 세밀하게 볼 수도 없고 보아서도 안 될 것이다. 때로는 전체를 한눈에 보아야 할 때도 있을 것이니.

몇 해 전 미국 여행 때 본 애리조나 대평원이 생각난다. 멀리서도 선명하게 보였던 지평선과 그 위의 하늘마저 온통 붉게 물들였던 저녁놀. 내 발끝에서부터 저 지평선까지 가득 찼던 석양이 어둠에 밀려 점차 멀어지던 그 장엄한 광경도. 그러나 넓고 아름답기는 했지만 무언가 허전했다. 활기(活氣)가, 아니 생기(生氣)가 없는 것 같았다. 그와는 달리 만경평야에는 생기가 펄펄 넘치고 있다. 철 따라 초록의 진퇴(進退)가 반복되기 때문이 아닐까?

살다가 답답한 일이 생기면 곧장 달려와야겠다. 생기가 넘쳐나는 이곳 만경평야로. 그리고 저 넓은 들을 향해 마음껏 소리를 질러야겠다. 두 팔을 번쩍 들고 한 번 또 한 번. 내 속에 쌓였던 모든 울분이, 모든 응어리가 다 쏟아져 나올 때까지. 그 후엔 넓은 마음과 넘치는 생기를 잔뜩 보충해야지.

머릿속으로 달력을 더듬는다. 추수가 끝난 텅 빈 들녘에 무서리가 내려 초록의 기세가 한풀 꺾이는 날을 찾아. 그리고 그 날 저 지평선의 끝을, 인간을 얽매는 제약이 전혀 없고 태초에 우리에게 주어진 자유만 가득한 그곳을, 향하여 출발하리라. 사위들과 함께라면 더 좋겠고 아니면 혼자서라도.

'이제부터 가슴에는 만 경을 품고, 눈으로는 만 경 너머를 보며 살자.'고 다짐해 본다. 돌아가는 대로 사위에게 전화해야겠다.

"성 서방, 자네도 만경평야에 한 번 다녀오게."라고.

(2013. 8. 30)

*개업할 때 도움을 주지 못해 미안하다. 그 대신 행복의 필요조건은 돈과 건강과 명예와 권력 등이지만, 행복의 충분조건은 믿음과 소망과 사랑이라고 말해주마.

시 계

지난 연말, 오랜만에 들린 작은 사위가 시계 하나를 내민다.

"아버님, 이걸 쓰세요."라고 하며.

사실 나도 휴대전화기를 들고 다니므로 따로 시계가 필요 없다. 그러나 나는 숫자로 표시되는 디지털 시계보다 바늘로 시간을 알려주는 아날로그 시계가 더 좋다. 안경을 쓰지 않고도 볼 수 있으므로. 언젠가 사위 듣는 데서 그런 말을 했더니 자기에게 두 개 있다며 하나를 가져온 것이다.

이 녀석은 겉모양이 투박하다. 크기도 무게도 종전의 두 배쯤 될 것 같다.

3㎝ 정도이던 시계 면(面)의 지름이 5㎝는 족히 되고, 옆에는 팥알만 한 단추가 세 개나 붙어 있다. 게다가 색깔마저 검다. 무식하게 크기만 한 이 녀석이 내게 어울릴 것 같지 않아

은근히 걱정이다.

본래 시계는 시각을 알려주는 것이 주어진 임무고 정확성이 그 생명이다. 또 그 때문에 절대로 멈추거나 속도를 바꾸어서는 안 된다. 영원성과 불변성을 가졌다는 말인데, 이것이야말로 연인들이 꿈꾸는 사랑의 참모습이 아닐까? 시계가 결혼 예물로 선택된 것도, 내가 오랜 기간을 아내에게서 받은 시계를 차고 다닌 것도 이런 까닭이리라.

그런가 하면 시계는 내 삶을 통제하는 물건이기도 하다. 항상 나를 재촉하여 쫓기게 한다. 반면 충성심도 있다. 대학 시절 찼던 시계는 나를 위해 전당포에 들어가기도 하고, 술집에 볼모로 잡히기도 했다.

그러나 휴대전화기가 보편화되면서 시계, 특히 손목시계는 설 자리를 잃어가고 있다. 아니 버림받았다고 해야 할까? 점차 사람의 손목에서 사라졌고, 이는 시계산업의 몰락으로 이어졌다. 대부분의 시계 회사가 이렇게 무너졌지만, 그 와중에도 살아남아 연간 80만 개를 넘게 생산하고, 그중 75%를 수출하는 회사가 있다고 한다. 어떻게 이런 일이 가능했을까?

그것은 변화가 가져다준 기적이었다. 사람에게 시각을 알려주던 주(主) 기능을 뒤로 돌리고, 장신구 즉 액세서리로 탈바꿈함으로써 그 생명을 이어나갔다. 소위 패션 시계라는 이 변신이 자기를 살리고 회사를 살린 밑거름이 되었다. 사위가 보내

준 시계가 바로 이런 패션 시계였다.

내게 이 시계를 갖다 준 사위는 본래 대기업의 촉망받는 사원이었다. 그러다 IMF로 아버지의 사업이 어려움에 부닥치자, 다니던 직장을 뛰쳐나와 아버지를 도왔다. 그런 노력에도 불구하고 회사는 결국 무너졌지만, 그래도 사위는 희망을 잃지 않고 자기 일을 개척해 나갔다. 성격이 밝고 쾌활하며 매사에 자신감이 넘친다. 딸은 그것을 근자감(*근거 없는 자신감)이라고 놀린다.

이런 몇 번의 변신을 거쳐 사위는 지금 조그만 사업체를 운영하고 있다. 물론 완전히 기반을 잡은 것은 아닌 모양이다. 내가 작은 도움이라도 주었더라면 뿌리를 내렸을 텐데. 안타깝고 또 미안하다. 그런데 이 상황에서도 그는 옷차림이나 액세서리에 신경을 쓰는 등 은근히 멋을 부린다.

나는 어떤가? 멋은 고사하고 유행에도 늘 뒤떨어진다. 아니 용기가 없어 따르지 못한다. 이 시계만 해도 한동안 차고 다니지 못했다. 그러나 사위가 이 시계를 준 뜻을 생각하니 차지 않을 수 없었다. 내 생각을 젊게 해주려는 마음과 더불어 날로 바뀌는 세상에 맞추어 나도 변화하라는 메시지가 들어 있는 것 같아서다.

흔히 요즈음을 100세 시대라고 한다. 그렇다고 누구나 다 100세를 산다는 것은 아니리라. 어쩌면 저 시계처럼, 시대의 흐름에 맞추어 변하는 사람만이 누리는 것은 아닐까? 그렇다면 나도 이

기회에 변해야겠다. 몸은 몰라도, 마음이나 생각만큼은.

먼저 이 시계에 대한 인식부터 달리해야겠다. 이제부턴 나도 시계가 시각을 알려주는 기계가 아니라 하나의 장식품에 지나지 않는다고 생각하고, 또 매사를 조금 일찍 시작함으로써 이 시계가 주는 제약에서 벗어날 것이다.

그뿐만 아니라 지금까지 알게 모르게 나를 억누르던 그 모든 책임, 모든 의무를 다 벗어 던질 것이다. 더는 자식 걱정, 더는 손자 걱정에 얽매이지 말고 내 마음에 진정한 자유를 주어야겠다. 나아가 앞으로는 어떻게 하루하루를 즐겁게 보낼 것인가만 생각하련다. 여행도 하고, 악기도 배우고…. 유람선 여행에는 춤이 필수라던데 오늘은 아내를 꾀어 댄스학원에 데려가 볼까?

내친김에 두 딸에게도 한마디 권하고 싶다. 다가오는 결혼기념일에는 좀 고급스러운 시계를 하나씩 사서 사위에게 선물 하라고. 사랑의 영원성과 불변성을 다시 한 번 마음 판에 새기도록.

(2016. 1. 24)

* 좋은 것을 보고 좋아하며 살아라. 좋아하는 것을 마음껏 누릴 수 있다면 그것이 바로 행복이니까.

매미가 울면

여름이 깊어 가면서 매미가 극성이다. 우는 것인가? 노래하는 것인가? 그래도 밤엔 울지 않으니 세레나데는 아니다. 또 비가 올 때도 울지 않고 오직 맑은 날 해만 바라보며 우니 '오 솔레 미오(O sole mio)'의 또 다른 버전인 것도 같고. 아니면 태양을 찾는 간절한 부르짖음이거나. 그러나 더위가 물러가면서 그 노래는 점점 슬프게 들린다.

매미는 유익한 곤충이다. 아름다운 노래를 들려줄 뿐 아니라 일기예보까지 해주니. 비가 그치는 것과 장마가 끝나는 것을, 길게는 여름이 가고 가을이 오고 있다는 것을 알려주는가 하면, 때로는 얼마 후 큰 재앙이 닥칠 것까지도 예고한다.

맏딸 혜정이는 대학을 부산에서 나왔다. 내가 어머니를 떠나

직장 따라 전국을 전전(轉轉)하다 잠깐 부산에 근무할 때 그곳에 계시던 어머니(딸에겐 할머니) 곁에 남게 된 것이다. 이렇게 자식에게 버림받은(?) 어머니와 부모에게 쫓겨난(?) 딸이 함께 살면서 동병상련(同病相憐)의 마음이었던지 사이가 좋았다고 했다. 공부는 딴 방에서 하다가도 잘 때는 꼭 할머니 옆에서 같이 잤다고 한다. 딸은 거기서 결혼을 하고 근처에 집을 얻었다.

그해(2003년) 늦여름에 매미가 크게 울었다. 언제나 8월 하순이면 이 땅에 찾아드는 반갑지 않은 손님이 있다.

이름조차 매미로 불린 14호 태풍은 우리나라의 기상 관측 이래 가장 큰 바람이었고, 그 때문에 발생한 인명피해, 재산피해가 엄청났다. 집이 무너지고, 도로가 끊겼으며, 논밭이 침수를 당했고 또….

태풍의 중심지인 부산에 혼자 계셨던 어머니는 얼마나 무서우셨을까? 얼마나 외로우셨을까? 캄캄한 밤, 쏟아지는 빗줄기, 쾅쾅 유리창을 뒤흔드는 바람, 천지를 찢어발기는 뇌성벽력에 나무들이 발버둥을 치고 있었으니.

그때 문이 벌컥 열리고 누군가 들어섰다.

"할머니, 저 왔어요."

"저도 왔습니다."

장난스러운 목소리와 듬직한 목소리가 같이 울린다. 가까이 사는 손녀와 손녀사위다. 우산은 들었지만, 반이나 젖은 모습으로.

"왜 왔니? 집은 어떡하고?"

"걱정하지 마세요. 우리 집은 단속해놓고 왔어요."

대답이 끝나자마자 둘은 준비해온 테이프를 유리창마다 X자로 붙인다.

창문과 창틀 사이도. 그리고 여기저기 전기 콘센트도 빼놓는다. 그 후 손녀사위는 먼저 돌아가고, 손녀만 남아 할머니와 함께 밤을 보냈단다. 그 때문인지 창유리가 깨어져 나간 집이 많았지만, 할머니 집은 따로 피해가 없었다고 한다.

많은 사람이 태풍 매미로 손해를 보았다. 그러나 그중에는 덕을 본 사람도 있었다고 한다. 태풍을 견뎌내고 살아남은 과일이나 채소는 값이 엄청나게 올랐고, 나무들도 더 튼튼해졌다니. 그리고 할머니와 손녀와 손녀사위와의 사랑도 더 깊어졌다. 그 때문인가? 어머니 장례식 때 큰 손녀의 울음이 제일 애절했던 것은. 그와는 달리 끝내 어머니를 모시지 못했던 내 마음은 참담하기만 했다. 부끄러워선지 눈물도 나지 않았다.

매미의 삶은 한마디로 인내의 삶이자 열정의 삶이다. 캄캄한 땅속에서 온갖 위험을 무릅쓰고 7년을 넘게 기다렸으니 광명을 사모하는 마음이 오죽했을까? 그런데도 불과 10여 일 후면 세상을 떠나야 하는 안타까움은 또 어떻고? 숨이 끝나는 그 순간까지 해만 바라보며 노래를 부르는 심정을 이해할 수 있을 것 같다.

매미의 노래가 아름다운 것은 이렇게 온 힘을 다해, 열정을 다 쏟아내어 폭발하는 것이기 때문이리라. 또 그 사랑이 이처럼 처절했기 때문이기도 하고. 누가 이런 삶을 두고 노래만 부르는 게으름뱅이 삶이라고 말할 수 있으랴?

그렇다면 나는 어땠는가? 부산으로 발령 나지 않는 것을, 그래서 어머니와 함께 살지 못하는 것을 안타까워하기만 했지 정작 직장을 그만두지 못했고, 퇴직 후에도 여러 가지 핑계로 합치지 못했다. 그렇게 우물쭈물하는 동안 어머니께서는 세상을 떠나셨다. 내 마음 한구석에 지울 수 없는 앙금만을 남기고.

올여름에도 매미는 울 것이다. 또 그 소리가 약해지면서 태풍과 함께 가을도 성큼 다가설 것이다. 그대 한 번, 만사를 제쳐놓고 그때는 꼭 한 번 가보아야겠다. 어머니를 묻은 그 산속에 들어가 실컷 울기라도 해야겠다.

(2014. 1. 14.)

*언젠가 어머니께서는 같이 자 준 큰손녀가 고맙고 대견했다고 말씀하셨다. 그러나 그 손녀는 동생이 시켜서 그랬다고 했다. 아빠보다 나은 딸들.

이 푸른 5월에

창문으로 5월이 와르르 몰려든다. 등굣길에 재잘대는 아이들 소리와 그들의 얼굴에서 더 밝아진 햇살과 또 그 햇살로 훈훈해진 바람도 함께. 그런가 하면 정원에 도도하게 서 있는 모란이나 작약, 끼리끼리 모여 있는 철쭉, 면사포를 쓴 것 같은 라일락 등의 아름다운 꽃들도 고개를 기웃거리고.

꽃뿐이 아니다. 창공에 우쭐대는 싱그러운 나뭇잎들과 그 속에 숨어있는 아카시아의 하얀, 오동나무의 보라색 꽃마저 그늘을, 또 향기를 보내어 나를 취하게 한다. 이 찬란한 아침.

단정한 교복 차림의 학생 몇이, 또 사복의 청년 몇도 보인다. 모두가 활기가 넘친다. 학생 중에는 올해에 입시를 치를 고3 학생도 있겠지. 청년 중에는 진학이나 취업에 실패한 재수

생도 있을 것이고.

그래도 웃고 떠드는 저들의 환한 얼굴에서 한 줌의 근심도 찾을 수 없다. 그렇다. 지금은 5월. 이 아름다운 달에 누가 얼굴을 찌푸리랴. 가슴 속에 꿈을 안고 사랑을 안고 노래하며 춤추며 청춘을 구가하기도 바쁠 텐데. 이를 보고 있는 내 마음도 따뜻해진다.

가만히 앉아 생각해 본다. 5월의 산야가 이렇게 아름다운 것은 무엇 때문일까? 그것은 잔인한 4월을 이겨낸 꿈과 열정과 도전정신 때문이 아닐까? 단단한 흙을 뚫고 나온 새싹의 꿈이 아름다운 꽃동산을 만들었고, 메마른 줄기・가지로 물을 끌어올린 새순(筍)의 열정이 푸른 하늘에 잎을 매달았으니.

새끼 새나 애벌레도 또한 같다. 껍질 속의 편안한 삶을 버리고, 듣지도 보지도 못한 세상을 향해 주저 없이 도전했기에 저렇게 5월의 산야를 비상(飛翔)하는 것이겠지.

사람은 어떤가? 청춘이 아름답고 활기차지만, 꽃과 잎 또는 작은 새와는 다르다. 저들은 꿈을 이룬 후의 환희지만 청춘의 환희는 꿈꾸는 자의, 이제 시작하는 자의 설렘일 뿐이다. 그래도 그들에겐 희망이 있고 그곳으로 달려갈 젊음과 용기가 있기에 기쁨이 그리고 생기가 넘치는 것이리라.

두근대는 마음으로 새 길을 찾아 나서자. 지난날의 실패에 - 그것이 진학이든 취업이든 사랑이든 - 좌절하지 말고. 많은 사람이 말리더라도 흔들리지 말고 돛을 올리자. 신대륙을 발견한 콜럼버스처럼.

우리 교회의 한 사람은 남들이 대학에 다닐 때, 가방 속에 안경 몇 개를 넣고 남대문 시장을 누비고 다녔다. 그는 지금 그 일대에 점포를 몇 개나 가진 큰 부자가 되어 대학 졸업자를 종업원으로 쓰고 있다. 다른 한 청년은 진학에 실패하자 곧바로 컴퓨터 디자인(CAD)을 배워 이제는 사장이 집을 사주고 보너스까지 주며 붙드는 엘리트 사원이 되었다. 살펴보면 주위에는 이렇게 꿈을 좇아 열정을 쏟아 성공한 사례가 많다.

약대(藥大)에 진학하여 편안한 삶을 바라는 아빠의 말을 듣지 않고 인테리어의 꿈을 안고 Y대로 간 둘째 딸의 도전 정신도 기특했다. 그녀는 졸업 후 처음 들어간 S건설에서 전공에 맞는 보직을 주지 않자 서슴없이 뛰쳐나와 작은 인테리어 회사에 들어가기도 했다. 현실에 주저앉지 않고 도전하는 그 열정이 얼마나 아름다운가. 그때 아빠가 조금만 더 도와주었더라면….

기쁨은 이렇게 자기가 하고 싶은 일을 할 때 온다. 열정도 마찬가지고. 그리고 행복은 그 꿈을 이루기 위해 노력하는 과정에서 얻는다. 이루든 이루지 못하든. 사랑하는 딸이 그 꿈과 그 열정을, 또 그 도전 정신을 계속 갖고 살아갔으면 좋겠다. 언젠가 기회가 오면 꽃을 피우고 열매를 맺을 수 있도록.

5월의 꽃 메이(may) 플라워(flower)는 아름다움만을 의미하는 것이 아니다. 그 말에는 도전의 의미가 들어있다. 꿈과 열정을 가지고 신대륙을 찾아 떠나는 영국 청교도들이 탄 배 이름이 메이플라워(mayflower)가 아니던가.

나도 메이플라워호를 타야겠다. 나의, 나만의 신세계를 찾아서. 이 푸른 5월에.

(2012. 7. 9)

* 명언(名言)집에 "희망은 씨를 뿌리는 일이다. 싹을, 잎을, 꽃을 그리고 열매를 기다리며."라는 말이 있다. 이를 내 식으로 고쳐 말한다면 "메이플라워호를 타라. 너의 신세계를 찾아서."가 될 것이다.

삼다도의 추억

흔히 제주도를 삼다도라고 부른다. 바람 많고, 돌 많고 또 여자가 많다고.

그러나 제주도에 많은 것이 이뿐만 아니다. 내가 본 제주도엔 우선 경치 좋은 곳이 많았고, 또 신기하고 신비한 곳도 많았다, 물론 그것도 다는 아니다.

제주도에서 제일 경치 좋은 곳으로 예전에는 '영주 10경(瀛州十景)'을, 요즘은 '신 영주 10경'이라 하여 다른 열 곳을 들지만, 둘 다 내 마음엔 차지 않는다. 제주도에서만 볼 수 있는 신기하거나 신비한 곳이 다 빠져버렸으니.

우선 협재에 있는 야자나무숲은 남국의 정서를 물씬 풍겨 신비감을 준다. 또 노형동의 도깨비 도로는 자연법칙마저 의심하게 한다. 물이 아래서 위로 흐르니. 그리고 늦가을 제주 시내의 전깃줄마다 수천 마리의 제비가 빽빽이 모여 앉은 모습은 옛 얘기에서나 나올법한 풍경이다.

신비하다 못해 몽환적인 것으로는 여름밤 오징어 배들이 만드는 불의 축제를 들 수 있다. 캄캄한 밤, 하늘과 바다가 맞닿은 그곳에 나타나는 저 거대한 빛의 더미는 주황의 오로라인가? 인어(人魚)들의 캠프파이어인가? 그리고 겨울의 한라산에 만개한 설화(雪花)의 아름다움은 또 어떻게 설명해야 하나? 이렇게 제주도엔 절경(絶景)과 명승지가 많다. 일일이 들 수 없을 만큼.

그런 제주도를 또 '울고 갔다 울고 오는 곳'이라고도 한다. 그러나 우리는 울고 가지 않았다. 내가 제주도로 발령이 나자 아내와 두 딸 모두 '얼씨구나' 하며 따라나섰다. 처음에는 다소 걱정이 되었다. 말이 다르고 풍습도 다른 이곳에서 아이들이 혹시 '왕따'는 당하지 않을까 하고. 그러나 그렇지 않았다. 이곳 아이들도 학교에선 다들 표준말을 썼고 마음도 쉽게 열어주었다.

아내도 마찬가지로 이웃과 금방 친해져, 그들과 함께 봄에는 고사리를 꺾으러 산에도 갔고, 가을에는 귤 따는 아르바이트도 했다. 귤밭에선 품삯도 받지 못했지만, 고사리는 우리 먹을 만큼은 꺾어 왔다. 더구나 만나는 사람 모두가 적극적으로 또 순수하게 대해주어 쉽게 정이 든 것 같다.

"설마 제주도라고 해서 서울대학교에 가는 사람 없겠어요?" 큰소리치며 따라왔던 두 딸. 그중 큰딸 혜정이는 제주동중학교(東中) 1학년에 들어갔고, 둘째 딸 윤정이는 광양초등학교를 거쳐 제주사범대학 부속중학교로 진학했다. 그러나 녀석들, 처음과는 달리 '우리가 뭐 여기까지 공부하러 왔느냐'고 하며 놀기만 한다. 하긴 아직도 어리니….

하루하루가 즐거웠다. 온 가족이 어울려 탁구도 했고, 큰딸의 피아노에 맞춰 노래도 불렀다. 피아노는 언니가 더 잘 쳤고, 탁구는 동생이 더 잘했다. 그리고 가끔은 자기가 아는 사투리를 흉내 내면서 크게 웃기도 했다.

"하르방 어데로 감수광?" "하루망 집에 감수당."

"이것 좀 드십소갱." "맨드롱 뜨듯할 때 후루룽 드립삽서."

이렇게 엉터리 사투리를 구사하면서 재미있어했다. 그리고 이 즐거움에는 그곳 토박이인 H기사도 한몫했다. 그는 틈나는 대로 관광 명소는 물론 지역의 특산물을 싸게 파는 곳이나, 특색 있고 맛있는 음식점 등 가볼 만한 곳엔 다 안내했다. 그 H기사는 우리가 그곳을 떠날 올 때도 신신당부를 했다.

"혜정아, 윤정아! 너희들 제주도로 신혼여행 오면 꼭 연락해." 라고.

그로부터 15년 정도 지난 후, 큰딸 혜정이는 제주도로 신혼 여행을 가서 H기사의 도움을 많이 받았다. 그때 그는 개인택시를 운행하고 있었으므로. 그러나 작은딸 윤정이는 해외로 신혼 여행을 갔기에 그 말을 따르지 못했다.

내가 제주도를 잊지 못하는 또 다른 이유는 여기서 고향을 보았기 때문이다. 초가집 추녀 끝에서 새끼제비들이 '짹짹' 우는 것이나, 반딧불이가 등불을 들고 날아다니는 것은 어릴 때 고향에서 보든 모습 그대로였다.

나아가 벚나무 줄기 가지에 수백 마리의 매미들이 달라붙어 절박하게 울어대는 것은 고향에서조차 못 보던 풍경이었다. 제주도는 이처럼 사람뿐 아니라 자연마저도 나그네의 마음을 열게 하는 곳이다. 정을 주는 곳이다.

어쩌면 제주도엔 '바람이나 돌 그리고 여자'보다 '정(情)'이 더 많지 않을까? 잔치할 때는 돼지를 몇 마리씩 잡아 온 이웃이 같이 즐기는가 하면, 자식의 집에 갈 때는 자기 먹을 식량을 가지고 갈 정도로 배려도 깊다. 이렇게 인심이, 정이 철철 넘치는 곳이다 보니 '울고 왔다 울고 간다'는 말이 생겼겠지.

그런 한 편 제주도는 삼무도(三無島)라고도 불린다. 도둑이 없고, 거지가 없고, 대문이 없으므로. 그러나 이 말이 이곳이 살기 좋다고 자랑하는 말이 아니라 훔쳐갈 것도, 나눠줄 것도 그리고 지킬 것조차 없다는 슬픈 현실을 나타내는 말 같아 가슴이 아프다.

농지가 거의 없는 이곳의 남자들 대부분은 바다로 나가야 했다. 남은 여자들은 조마조마한 마음으로 그들이 돌아오기를 기다렸을 것이고, 또 그러던 어느 날 남편의 사망 소식을 들었을 것이다. 풍랑 속에 남편도 자식도 묻어야 하는 삶. 항상 죽음을 가까이 두고 걱정 속에 사는 삶에 한(恨)도 많고 미신(迷信)도 많았으리라. 그 외에도 4·3사태라는 비극도 있었고.

이렇게 사람마다 가슴에 한이 가득 찼을 터이니, 어쩌면 '바람이나 돌'보다 한이 더 많지 않았을까? 삼다도의 의미에 '바람이나 돌' 대신 '정과 한'을 넣는 것이 더 맞을 것 같다.

물론 이젠 많이 달라졌다. 교통, 통신의 발달과 더불어 정치적 사회적 환경도 크게 바뀌었다. 특별 자치도가 되었고, 유네스코 세계자연유산에도 등재되었다. 물론 개개인의 삶의 질도 엄청나게 높아졌고. 이런 변화로 옛날의 모습이나 인정이 점차 사라지는 것은 안타깝지만, 그래도 쌓였던 한이 그만큼 씻겼을 것 같아 마음이 놓인다.

삼다도. 바람, 돌, 여자와 더불어 절경(絶景)도, 정도, 한도 많은 곳. 그렇다고 많은 것이 이뿐만이 아니다. 제주도에 산은 셋뿐이지만, 360여 개의 오름(기생화산)과 170여 개나 되는 용

암 동굴이 있어 이것도 세계적으로 유명하다. 또 토속 신앙과 관련된 전설도 무수히 많다.

그러나 무엇보다도 특별자치도로 승격되어, 도민(道民)들의 높아진 자존심만큼 꿈도 많아졌을 테니 이제는 삼다도란 별명이 전혀 맞지 않은 것 같다. 그렇긴 해도 삼다도란 말은 그냥 그대로 두는 것이 좋겠다. 그 이름에 걸린, 수많은 내 추억이 바래지지 않도록.

추억이 살짝 속삭여준다. 웃고 갔다 울고 온 그곳에서 살았던 2년이 가장 행복했다고. 그렇다면 두 딸은 어땠을까? 과연 그 애들도 나처럼 행복했을까? 즐거웠던 그곳의 추억을 발판으로 삼아 그보다 더 아름답고 더 행복하게 살았으면 좋겠다. 꿈과 소망을 두고.

(2012. 7. 9)

* 예전엔 바람, 돌, 여자가 많아 삼다도라 했지만, 요즘은 중국인, 펜션, 카페가 많은 섬으로 그 뜻을 바꿔야 한다는 제주 출신 어느 유명 목사님의 주장도 있다.

행복은 어디에

"사람은 다 자기의 행복을 위해서 산다." 플라톤의 말이다. 짧은 말이지만 삶의 목적을 적나라하게 드러내고 있다. 물론 사람에 따라서는 국가나 민족 등 이웃을 위해 사는 사람도 있고, 자기 출세를 위해 사는 사람도 있다.

그리고 성경에서는 사람은 하나님의 영광을 위해 살아야 한다고 말한다. 이들 중 어느 것이 맞는 말일까?

지난 7일(2012년 4월), 부산에서 조카딸의 결혼식이 있었다. 구름 한 점 없는 하늘에선 밝은 햇살이, 산과 들에는 개나리, 진달래 그리고 벚꽃이 활짝 피어 축하해준다. 올핸 꽃소식이 유난히 늦더니 이 결혼식에 맞추느라고 그랬나 보다.

예식장은 총 100석 남짓한 작고 아담한 곳이었다. 그래도 신랑은 기쁨이 가득한 얼굴로 당당하게 들어온다. 싱글벙글 환하게 웃는 인상이 참 좋다. 이와는 달리 아빠 손을 잡고 들어오는 신부의 두 눈은 젖어있다.

엄마・아빠만 남겨두고 떠나려 하니 마음이 안타까워서인가? 두 사람은 고교 시절 교회에서 만나 10년 가까이 사귀었다고 한다.

예식은 신랑 신부가 다니는 교회 목사의 주례로 진행되었다. 중간 중간에 찬송과 기도가 들어 있고, 주례사도 성경을 바탕으로 하고 있어 자못 숙연했다. "아내는 남편을 존경하고, 남편은 아내를 사랑하라. 서로 양보하며 작은 일에도 항상 감사하는 삶을 살라." 하며 두 사람을 행복으로 인도한다.

그러나 예식이 후반부에 들어서자 분위기가 달라졌다. 엄숙하고 경건한 결혼식이 유쾌하고 장난스러운 분위기로 바뀌었다. 신랑 친구들의 축가에 이어 신부 친구들이 우스꽝스러운 모습으로 춤추고 노래를 부른다. 그 후엔 신랑이 신부에게 노래를 바치는 순서도 있다. 노래를 못 부르면 결혼도 못 하겠다는 주례의 유머에 쓴 웃음을 짓는다.

결혼식이란 신랑・신부 두 사람이 이제 하나가 되었음을 선포(宣布)하고 또 공증(公證)하는 의식이다. 여기엔 주인공인 두 사람에 대한 축하와 격려만 필요할 뿐, 놀리거나 괴롭히는 장난이 있어서는 안 될 것이다. 즐겁기는 하나 경건함이 사라져

가는 요즘 결혼식에 마음이 살짝 씁쓸하다. 결혼식은 그렇다 하더라도 결혼 생활은 그러지 않아야 할 텐데….

결혼은 이처럼 두 사람이 만나서 하나가 되는 것. 당연히 몸은 물론 마음이나 생각까지 하나가 되어야 한다. 아니 꿈마저도 하나가 되어야 한다. 두 사람의 사랑이 열매를 맺어 결혼하게 되었지만, 결혼이 사랑의 종착점도 휴게소도 아니다. 계속, 아니 더 노력해야 한다.

누구나 다 아는 사실이지만, 인생은 직선이 아니라 곡선이다. 그렇다면 결혼은 그 곡선 위의 한 변곡점(變曲點)이 아닐까? 변곡점을 지날 때는 궤도를 이탈하지 않도록 눈을 더 크게 떠야 할 것이다.

또 결혼생활은 새끼줄과 같아야 한다. 새끼줄은 나무에 기어오르는 나팔꽃이나 담장에 붙어사는 담쟁이와는 달리, 두 가닥이 똑같이 몸을 굽히고 마음을 굽혀 상대에게 의지하고 있다. 부부싸움의 가장 큰 원인은 자존심이지만, 새끼줄의 두 가닥처럼 서로 굽힐 줄 안다면 싸움이 있을 리 없으니.

행복은 어디 있는가? 결혼만 하면 다 행복해지는가? 꼭 그렇지만은 않은 것 같다. 가끔은 생각지도 못한 일로 불행하게 되는 경우도 있다. 그러나 불행과는 달리, 행복은 절대로 그냥 오지 않는다. 스스로 찾고 만들어야 한다. 행복은 꿈을 가지고,

그 꿈을 찾아서 노력할 때 찾아온다.

그렇다. 행복한 결혼의 첫째 조건은 두 사람의 네 눈이 한 곳을 보는 것이요. 또 다른 요건은 두 사람의 네 발이 나란히, 앞서지도 뒤처지지도 않고, 걷는 것이다. 간혹 불행이 찾아오더라도 흔들리지 말고.

아빠 손을 붙잡고 들어올 때는 눈물을 글썽이던 얼굴이, 신랑 손을 잡고 나갈 때는 활짝 웃고 있다. 그래 그렇게 웃으며 살아라. 너 자신의 행복한 삶과 '하나님께 영광 돌리는 삶'은 상반되는 것이 아니다. 밝게, 바르게, 또 행복하게 사는 모습을 이웃에게 보여줄 때 너희의 삶이 빛이 되고 소금이 되고, 나아가 '하나님께 영광 돌리는 삶'이 될 것이다.

(2012. 5. 8)

* 하루의 행복은 아침 밥상에서 시작된다. 음식에 대한 감사, 마주 앉은 사람에 대한 칭찬, 그리고 오늘 있을 일에 대한 격려가 모두를 행복하게 해줄 것이다.

어느 봄날

3월도 중순에 접어드니 한낮은 완연한 봄 날씨다. 오후 2시경 집을 나서 우장산을 오른다. 구름 한 점 없는 맑은 하늘. 여기저기서 구구~구구 비둘기 소리가 봄을 재촉한다. 꽃도 잎도 아직은 피지 않았는데, 양지쪽에는 이름 모를 풀들이 살짝 고개를 내밀고 있다.

우장산 중턱엔 산을 한 바퀴 도는 둘레길이 있다. 아파트 뒤의 오솔길을 오르면 바로 이 둘레길을 만난다. 산의 북쪽 기슭이다. 잘 포장된 길을 따라 남쪽 양지바른 곳에 이르니 벌써 개나리꽃들이 터져 나오려 한다. 그러나 오늘 내가 찾는 것은 개나리가 아니다. 다른 꽃이다. 작년 어느 날 울창한 개나리 울타리 너머로 우연히 다른 꽃무리를 발견했다. 제비꽃이었다. 그

터나 조금 늦어 다 지고 몇 포기 게으른 꽃만 남았기에 올해를 기약했는데 아직은 이른가 보다.

제비꽃은 보이지 않고 잡초만 여린 잎을 내고 있다. 남향이라 바람은 없고 햇볕이 따뜻하니 일찍 나왔는가. 손가락 두어 마디 크기로 자란 녀석도 있고, 겨우 손톱만큼 고개를 내밀고 있는 녀석도 있다. 너무 어리고 너무 연하여 마치 아기 같다. 아직도 남아있는 밤의 찬 기운을 어떻게 견딜까 슬며시 걱정된다.

둘레길을 따라 산을 한 바퀴 돌면 그곳에 구민회관이 있고, 그 옆으로 산꼭대기를 향하여 빙빙 돌며 올라가는 길이 나타난다. 잘 포장된 오름길이다. 그 길을 따라 올라갔다. 정상(頂上) 가까운 동남쪽 기슭의 할미꽃 군락지(?)를 찾아보기 위해서다. 이들도 잠깐이면 져 버리기에 때를 놓치지 말아야 한다. 그러나 여기도 아직은 아니었다.

할미꽃! 젊어서는 꽃이 너무 무거워 허리를 펴지 못해 할미꽃이요, 늙어서는 허리는 폈지만 이젠 머리가 하얘져 할미꽃이다. 우리 할머니도 저 꽃처럼 평생을 고생만 하시다 돌아가셨는데….

사람들은 꽃이 핀 제비꽃이나 할미꽃은 알아보나, 꽃이 진 후에는 잘 알아보지 못한다. 그냥 잡초로밖에 취급하지 않는다. 그러나 군중 속에 파묻혀 이름 없이 살아가는 이들은 그 때문에 더 강한지 모르겠다. 사람을 의지하는 곡식이나 채소와는 달리 스스로 살 곳을 찾아서 뿌리를 내려야 하니.

기왕에 올라온 것. 정상에서 가벼운 운동을 하고는 도로 내려오다가 동쪽의 오솔길로 들어섰다. 위쪽의 오름길에서 아래쪽의 둘레길로 이어지는 아흔여 개의 계단길이다. 내 앞에서 중년 남자 한 사람이 걷고 있다. 절뚝절뚝 걸음걸이가 불편하다. 다가가 부축해 주려니 거절하며 먼저 가란다. 빙긋 웃으며 그냥 앞서게 하고는 바로 뒤를 따랐다.

얼핏 보니 오른발 끝이 바깥으로 젖혀져 힘을 제대로 못 받고, 오른손도 허리에 붙어있다. 계단 중간에 있는 긴 의자에 앉아 숨을 돌리며 다시 길을 양보한다. 하지만, 못 들은 척 옆에 앉아 말을 건넸다. 반신불수인데도 7년째 이곳을 오르내리며 운동을 한다니 참으로 끈기 있는 사람이었다. 잡초 같은 사람이라고 할까.

농사일을 해본 사람은 알지만, 잡초는 정말 귀찮은 존재다. 사람을 힘들게 한다. 한여름 불볕더위에 콩밭 매는 일이나, 볏논의 김매기는 제일 싫은 일의 하나다. 이 같은 원망과 박해 속이라면 벌써 멸종되었어야 할 텐데 오히려 더 번성하고 있다. 제초제가 발명되고 제초기까지 나왔는데도.

밟아도 밟아도 다시 일어서고, 뽑아도 뽑아도 다시 태어나는 잡초. 이런 끈질김과 불굴의 자세, 누가 좋아하든 싫어하든 제

길을 고수하는 정신, 나아가 뿌리내린 곳을 목숨 바쳐 지키려는 굳센 의지, 이런 것들이 잡초의 특징이자 우리가 배워야 할 덕목이 아닐까.

잡초가 오히려 우리의 나약함을 비웃고 있는지도 모른다. 조금만 힘들어도 아프다고 주저앉고, 조그만 압박에도 스트레스를 느낀다며 생명마저 버리려는 사람을 보고 엄살쟁이라 놀리고 있는지도 모른다.

7년의 투병 중에도 절룩거리며 산을 오르내리던 그 사람. 그를 두고 잡초 같은 삶이라면 칭찬으로 받아들일까? 욕으로 받아들일까? 아마도 욕으로 받아들이겠지. 이름도 모르는 사람이지만 그분께 이 글을 바치고 싶다. 잡초처럼 끈질기게 운동하여 건강을 찾으라는 기도와 함께.

어쩌면 이런 끈질김이야말로 행복의 문을 여는 열쇠가 아닐까? 거기에 희망까지 덧붙인다면.

(2013. 3. 14)

* 질병이나 가난 등이 고난이긴 하지만, 그 고난이 다 불행은 아니다.
이렇게 꿈이 있고, 희망이 있다면 고난이 행복으로 바뀔 수가 있으니.
희망이야말로 불행을 행복으로 바꾸어 주는 약이요, 터닝 포인트다.

마음을 씻으려면

목포에서 출발한 버스가 덕산 온천 호텔 앞에 선다. 뻐꾸기 소리가 무료함을 더해주는 초여름날 오후. 이번 효도 관광의 마지막 코스로, 그동안 묻은 때를 다 씻고 가자는 뜻이다. 사실 함평을 지나올 때 나비 축제를 보고 싶었지만, 할아버지 할머니들의 생각은 나와 달랐다. 지금 그곳엔 보리가 익어 가고 있는데 여기는 모내기가 한창이다.

목욕탕의 이름은 세심천(洗心川)이다. 마음을 씻는 곳이란 뜻인데 과연 그게 가능할까? 탕의 내부는 꽤 너르고 시설도 좋다. 온탕, 냉탕, 열탕이 있고 쑥탕, 약탕과 더불어 사우나실도 두 군데나 된다.

또 작은 문을 통해 밖으로 나가면 노천탕도 있다. 건물 쪽을 제외한 3면을 싸고 있는 담벼락과 그 위로 조성된 대나무와 소나무 숲이 커튼처럼 외부의 시선을 가려 준다.

그렇다면 이 깨끗한 환경과 좋은 시설이 마음을 씻어 주는 것일까?

온탕과 열탕, 냉탕에 차례로 들어가 몸을 씻는다. 폭포탕에 들어가 쏟아지는 물에 몸을 맡겨도 본다. 물은 맑다 못해 투명하다. 깊은 산 속의 개울 같다. 또 폭포수는 하얗다. 절벽에서 깨어지는 파도처럼. 그러나 그 맑은 물도, 그 하얀 거품도 몸은 씻지만, 마음은 씻지 못한다.

노천탕으로 나가 따뜻한 물에 몸을 담그고 심호흡을 해본다. 비 온 뒤의 맑고 상큼한 공기가 몸속으로 파고들지만, 마음을 씻어주는 것은 아니다. 또 소나무와 대나무 그리고 담쟁이 넝쿨의 푸름과 거기서 발생하는 피톤치드가 기분을 상쾌하게 해주지만 그것도 마음을 씻어 주는 것은 아니다.

다시 안으로 들어와 온탕에 몸을 담그고는 느긋한 마음으로 한가운데 서 있는 기둥을 본다. 하얀 바탕에 폭포와 소나무와 학과 목욕하는 선녀가 새겨져 있다. 신선의 세계인가, 저 여유로움은. 그러나 이 그림조차 마음을 씻어주지는 못한다.

마음을 씻는 것은 물이 아닌 것 같다. 차가운 공기도 따뜻한 햇볕도 숲의 푸름도 또한 아니고. 어쩌면 마음을 씻어주는 것은 바로 그 마음이 아닐까? 손으로 손을 씻고, 다이아몬드로

다이아몬드를 가공하는 것처럼.

미움이나 원망 그리고 시기·질투나 욕심 같은 마음의 때를 씻어 주는 것은 마음 그 자체, 그중에서도 사랑하는 마음이라는 생각이 떠오른다. 누군가를 미워하는 마음이 들면 과거 그 사람과 좋았던 때나 그 사람의 좋은 점을 생각하면 될 것 같다. 또 욕심이나 부러워하는 마음은 나보다 더 어려운 처지인 사람들을 생각하는 것으로 씻을 수 있을 것이고, 교만한 마음이 들 때는 주님을 생각하면 되겠지.

나비 축제에 들르지 못하게 했던 노인들에 대한 원망을 다 씻어낸다. 그들에 대한 사랑으로. 또 밤새 떠들며 내 잠을 빼앗아 갔던 옆 방 학생들에 대한 미움도 다 씻어버린다. 옛날 내가 수학여행 갔던 때를 돌아보며. 예정된 한 시간에 몸은 물론 마음마저 다 씻고 나오니 마치 날아갈 듯하다.

이곳 세심천에서 마음을 씻는 법을 배웠으니 앞으로는 건강한 몸과 더불어 늘 깨끗한 마음으로 살아갈 수 있을 것 같다.

(2009. 5. 26)

* 어쩌면 행복이란 마음이 깨끗한 상태를 말하는 것 아닐까? 그렇다면 그 반대말은 불행이 아니라 욕심일 것이다. 욕심이 있으면 결코 행복할 수 없으니.

4부

네 번째 애독자는 세 손자다.

지금은 할아버지의 글을 제대로 이해하지 못하겠지만, 언젠가는 이를 통해 할아버지를 알아갈 것이다.
그리고 그 언젠가 "이 글 때문에 삶이 더 행복했다."고 말해준다면, 정말 보람될 것 같다.

함께 어울려라.
지금까지는 엄마 아빠가 너희와 어울려 주었지만,
이제부턴 너희 형제가 어울리고, 또 친구를 많이 사귀어 그들과 어울려라.
할아버지는 너희가
자라면서 낯선 사람과도 잘 어울렸으면 하는 마음으로 몇 편의 글을 선물한다. 그리고

공부 1등보다는 친구 만들기 1등이 되었으면 한다.

손자들과 어울려
놀러 가는 길도 발걸음이 가볍다

손자와 함께 동요를

연두색 녹음 사이로 반짝이는 햇살이 상큼한 계절.

할아버지와 함께 산책하던 손자 정원이가 '은행나무가 사이좋게 서 있네.'라고 말한다. 또 키가 작은 나무를 보고는 '저 나무는 아가인가 보다.'라고도 한다. 정말 멋진 말 아닌가? 듣고 버리기엔 너무 아까워, 다듬어 동요로 만들어본다.

- 길가에 은행나무 사이좋게 섰네요.
- 큰 나문 엄마고 작은 나문 아간가 봐.
- 엄마는 내려보고, 아가는 올려보고
- 도란도란 얘기하며 사이좋게 섰네요.

좀 짧은 것 같아 둘째 절도 만들어 짝지어준다. 첫 절은 정원이의 말을 다듬었지만, 둘째 절은 정원이의 마음을 적어 보았다.

- 할아버지 손 잡고 길 가던 정원이
- 부러운 듯 슬픈 듯 보고 있네요.
- 엄마도 정원이를 생각하고 있을까?
- 영롱한 눈망울엔 이슬이 반짝

동요를 들려주는데 정원이의 표정이 어째 시무룩하다. '아차, 출근한 엄마 얘기를 꺼내다니.' 빨리 기분을 바꿔주어야겠다고 생각하며 손등에다 입을 대고 "뿡" 방귀 소리를 낸다. 아이들은 이상하게 방귀나 똥, 오줌 얘기를 재미있어한다. 아니나 다를까?

"할아버지 방귀 뀌었어?"

"그래 산길이 힘들어 그랬어."

그러자 이번에는 정원이가 할아버지 흉내를 낸다.

"정원이도 방귀 뀌었어?"

"응 할아버지 따라서 그랬어."

이것도 재미있다. 노래 부르듯 곡조를 넣어 말한다.

- 할아버지 방귀는 뿡뿡뿡, 산길이 힘들어 뿡뿡뿡.

정원이가 즉시 따라 한다.

- 정원이 방귀는 뿡뿡뿡, 할아버지 따라서 뿡뿡뿡.

둘이 마주 보고 깔깔 웃다가 달려간다. 저 앞 가로등까지 먼저 가기다.

그런데 이 녀석, 올라갈 때는 즐거워하지만 내려올 때는 꾀를 부린다. 다리가 아프다고 주저앉아서 움직일 생각을 안 하므로 어쩔 수 없이 업고 내려온다. 그래도 꼭 손해 보는 것은 아니다. 업고 내려오면 중간에 잠이 들고, 한두 시간 자유를 얻을 수 있기 때문이다.

김정원(金正原). 올해 네 살인 외손자 이름이다. 아빠와 엄마가 회사에 가는 낮에는 외갓집에서 지내는데 사내아이라 그런지 총이나 칼, 특히 차를 유난히 좋아한다. 경찰차·소방차·구급차 등 여러 종류의 크고 작은 차를 많이 갖고 있다.

또 노래도 좋아한다. 그냥 부르기도 하지만 노랫말을 바꿔 부르기도 한다. '소나무야, 소나무야'를 '대추나무야, 대추나무야' 하는 식이다. 좋아하는 노래는 '개구리와 올챙이, 악어 떼, 고드름' 등이지만, 그 밖에도 영어 노래, 우리 말 노래가 많다.

그러나 '섬 집 아기'라는 노래는 싫어한다. 노랫말이나 곡조가 자장가와 비슷하기 때문이다. 이렇게 저녁에는 자지 않으려고, 눈이 가물가물하는데도 감지 않으려고 애를 쓴다. 그 모습이 애처로워 이것도 동요로 만들어 들려주며 재우려고 한다.

- 정원이가 졸린다. 가물가물 가물.
- 잠이 오면 자자. 가물가물 가물
- 엄마 오면 깨울게. 눈을 감고 있자.
- 가물가물 가물 가물가물 가물

그러나 이 녀석 절대 만만치 않다. 엄마 올 때까지는 자지 않고 있겠다고 곧바로 반격하여 노래 대결이 벌어진다.

- 말똥말똥 말똥, 말똥말똥 말똥.
- 낮에도 말똥말똥, 밤에도 말똥말똥
- 엄마 올 때까진 눈 뜨고 있을 테야.
- 말똥말똥 말똥, 말똥말똥 말똥.

전화벨이 울린다. 제 엄마 전화다. 갑자기 정원이의 목소리가 커지고 활기가 돈다. 빨리 나가자고 설치지만, 차만 타면 쉽게 잠이 들기 때문에 이제는 내가 재우지 않으려고 애를 쓴다. 온종일 기다렸는데 엄마 얼굴은 보고 자야 할 것 아닌가? 노래를 부르는 것도 잠을 쫓는 한 방법이다. 둘이서 '고드름'도 부르고 '소나무'도 부르고 '마징가 제트'도 부른다. 함께 부르기도 하고 번갈아 부르기도 한다.

집 앞에 엄마가 서 있다. 정원이는 차에서 내리자마자 돌아보지도 않고 달려가 그냥 엄마에게 안긴다.

얼굴을 보고 볼을 비비고, 다시 보고 다시 비비고…. 얘기도 않고 눈물만 글썽이고 있다. 그래, 엄마를 보고파 하는 마음이 이토록 컸구나. 그런데도 감추고만 있었구나. 고맙다, 이 녀석. 차라리 떼를 쓰고 울기라도 하지. 어린 가슴에 그렇게 눌러놓고 있었다니. 그리움이 너를 잠들지 못하게 했고, 그리움이 너를 노래 부르게 했구나.

세상 사람들은 모성애가 강하다고, 자식을 위해 죽음을 불사할 정도로 강하다고 하지만, 나는 엄마를 그리워하는 아가의 마음도 절대 그 못지않다는 것을 깨닫는다. 할아버지가 아무리 잘 해주더라도 결코 엄마를 대신할 수는 없다는 것도.

'정원아, 밤에나마 엄마와 즐겁게 놀아라. 내가 더 힘들더라도 내일 저녁도 재우지 않고 데려다줄게.' 돌아서는데 엄마와 아들이 사이좋게 손을 흔들고 있다. 마치 은행나무처럼 나란히 서서.

'아차! 언제부터 내게는 이 사모(思母)의 정(情)이 말라버렸나? 도착하는 대로 시골에 계신 어머니께 전화라도 드려야겠다.'

(2008. 12 .22)

* 사람들은 말한다. "오는 얼굴 반갑지만, 가는 얼굴 더 반갑다"고.
우린 달리 말했다. "웃는 얼굴 귀엽지만, 자는 얼굴 더 귀엽다"고.

네 살의 협박자

네 살이 되자 정원이는 미운 짓을 곧잘 한다. 장난도 심하다. 옛날의 '미운 일곱 살'이 이제는 '미운 네 살'로 바뀌었다더니 하나도 틀림이 없다.

"정원아 옷 입자." "안 입어."

"정원아 밥 먹어." "밥 안 먹어"

"어린이집 가자." "안 가. 좀 있다가 갈 거야"

매사에 부정적이고 반항적이다. 무조건 반대하는가 싶어 아예 거꾸로 말해본다.

"정원아 밥 먹지 마." 그러나 얄밉게도 이때는 긍정이다.

"응 안 먹어." 계속 이러다 보니 언제나 실랑이다. 목욕하고 옷을 입힐 때도 한참 실랑이를 해야 한다. 하나를 입고는 달아나고, 데려다 또 하나 입히면 또 달아나고…. 이제는 재미를 들여 꼭 '하나 입고 달아나기'를 하자고 한다. 청개구리가 따로 없다.

그래도 몇 달 전에는 약속은 지켰다.

"정원아 어린이집 가자." 했더니 "안 가. 내일 갈 거야."라고 했다.

어쩔 수 없이 하루를 놀게 했다. 그리고 그다음 날 아침 "정원아 어린이집 가자." 하니 대답이 걸작이다.

"오늘이 내일이야?"

"그래 오늘이 내일이야."

그러면 마지못해 하면서도 따라나섰다. 그러나 요즈음은 또 다르다.

"알았어. 좀 있다 가자." 하고는 온종일 '좀 있다' 타령이다.

그렇다고 이 아이에게 야단을 치거나 매를 들 수도 없다. 온종일 엄마와 떨어져 있고, 때로는 친할머니에게, 때로는 외할머니에게 갔다 왔다 하는 그 아이를 어떻게 야단칠 수 있나?

혹시라도 '그 여린 마음에 상처를 주거나', 아니면 '이리저리 눈치만 보는 아이가 될까 봐 오히려 염려해야 한다. 그러잖아도 아침에 엄마가 출근하기 전에 꼭 업혀 있으려고 하고, 저녁에 엄마에게 가자면 갑자기 목소리가 커지고 기가 살아나는 아인데.

옛날의 엄마·아빠는 이럴 경우 겁을 주어 말을 듣게 했다.

일종의 협박이었다. '호랑이가 온다.'든지, '밭에 내다 버린다.'든지, '순경이 와서 잡아간다.'는 등이 자주 사용되었다.

그러나 지금은 그것도 통하지 않는다. 이제 호랑이나 사자는 동화책을 통해 친구가 돼버렸고, 경찰관은 '민중의 지팡이'로 알고 있으니 협박으로 쓸 수 없다.

이 녀석에게는 다른 협박도 마찬가지다. 영리해선지 영악해선지. 말 안 들으면 엄마에게 이른다고 해도 막무가내다. 엄마·아빠는 물론 외할머니, 친할머니, 친할아버지가 다 자기편이란다. 외할아버지만 '왕따' 당하고 만다.

오히려 이 녀석이 나를 협박한다. '그러면 외갓집에 안 오겠다.'거나, 심지어 '집을 나가겠다.'고까지 말하며. 기가 막힌 할아버지가 집 나가선 어디서 살 것이냐 묻자, 녀석은 조금도 망설이지 않고 대답한다.

"어린이집에 가서 놀고 자고, 놀고 자고, 손 씻고, 치카치카하고, 며칠 있다가 올 거야."

더는 할 말이 없는 할아버지가 마지막 카드를 꺼낸다.

"그럼 할아버지 차에 안 태워 준다."라고 했더니, 조르르 할머니에게 달려가 묻는다.

"할머니 돈 있어?"

"그래 돈 있어. 왜 그래?"

그러자 의기양양한 모습으로 할아버지를 돌아보고는 말한다.

"할머니 우리 택시 타고 가. 할아버지는 빼놓고."

그러면서 할아버지 가슴에 마지막 일침을 놓치지 않는다.

"난 돈 많은 사람이 좋아."

버릇없는 손자에게 이렇게 구박을 당하면서도 얼굴에 웃음이 떠오르는 것은 내가 좀 모자라서인가? 아니면 '손자 바보'라서?

(2006. 9. 10)

* "엄마는 내 편 아빠도 내 편, 할아버진 혼 편, 정원이는 다 편"
'혼 편'은 혼자만 편이라는 말이고, '다 편'은 모두 다 자기편이라는 말.
그 말대로 주위 모두가 자기편이 되었으면 좋겠다.

겨울밤엔

12월이 되자 낮이 엄청 짧아졌다. 오후 다섯 시 반만 넘어도 캄캄하다. 아파트 곳곳의 가로등과 놀이터 주변의 정원 등(庭園 燈)이 여기저기서 차가운 불빛을 내뿜지만, 그래도 어둑어둑한 곳이 많다.

돌 지난 손자처럼 아장아장 걸어왔던 가을은 찬바람에 쫓기는 듯 홀연히 가버리고, 겨울은 어른 발걸음으로 성큼성큼 다가왔다. 날이 갈수록 앙상한 가지를 드러내는 나무와는 달리 사람들의 옷차림은 점점 두꺼워지고 색깔도 짙어진다. 저 나무들은 춥지 않은가?

오후 6시는 피아노 학원에 간 손자 정원이가 돌아오는 시간. 두꺼운 오버코트를 걸치고 마중을 간다. 모자를 눌러 쓰고 손을 호주머니에 넣고 걸어가니 내가 봐도 한 마리 곰과 같다. 여름은 물론, 봄이나 가을만 해도 아직 환할 때라 아무 상관없었지만, 요즘은 벌써 캄캄해져 혼자 오게 내버려두기가 안쓰럽다.

얼마 전까지 시끄럽던 놀이터도 이제는 적막하다. 가로등 불빛에 흔들리는 나무 그림자가 마치 귀신처럼 보인다. 요즈음 세상에 귀신이 없다는 것과 아파트 안이라 맹수 등 짐승도 없다는 것을 아이들도 알고 있지만, 그렇다고 두려움이 없어지는 것은 아니다. 어른이라도 오싹한 느낌을 금할 수 없는데.

대나무 10여 그루로 이루어진 작은 숲 그늘을 지나가는데 앞 건물 모퉁이를 돌아서 두 아이가 나타났다. 손자 정원이다. 같은 방향의 또래가 있는지 추워하지도 무서워하지도 않고 씩씩하게 오고 있다.

"정원아!"

"어, 누구야! 할아버지?"

오히려 놀란 모습이다.

"왜? 놀랐어?"

"응. 그렇게 갑자기 나타나면 어떡해."

나는 저만치서 보고 있었지만, 그들은 얘기하느라 한눈을 팔다가 그늘에서 갑자기 나타난 검은 그림자에 놀란 모양이다. 괴물이 나타났다고 생각한 것일까? 아니면 귀신이나 유괴범으로? 아파트 건물 사이의 모퉁이 길은 생각보다 으슥했다.

"같이 온 친구는 집이 어딘데?"

"바로 저기예요."

그 아이는 좀 전에 지나온 건물을 가리키고는 돌아서 씩씩하게 뛰어간다.

"친구 아냐. 2학년 형이야. 나를 바래다주려고 따라왔어."

정원이가 바로 고쳐준다.

"그래?"

그 녀석의 뒷모습을 한참 바라본다. 자기 아파트 건물로 들어서기까지.

겨울은 몸뿐 아니라 마음까지도 움츠러드는 계절이다. 이런 차가운 밤에, 저도 어린 주제에 저보다 겨우 한 살 아래의 친구를 바래다주는 그 마음은 얼마나 대견스러운가? 배려하는 마음이 내 가슴을 따뜻하게 한다. 찬바람이 얼굴을 할퀴고 지나가지만 그렇게 춥게 느껴지지 않는 밤이다.

그렇다. 겨울밤 혼자 있을 땐 노래라도 불러야겠다. 낮은 목소리로 캐럴이나 동요 등을. 누구라도 내가 여기 있다는 것을 알 수 있도록.

(2010. 12. 7)

* "내가 성냥팔이 소녀인 줄 알아? 나에겐 힘센 아빠가 있단 말이야."
무슨 일로 할머니가 야단을 치자 대들며 하는 정원이의 말

첫돌이 지난 후

돌을 지나면서 손자 시현이가 크게 변했다. 걸음마를 시작하고, 말도 한마디씩 하게 된 것뿐 아니라 표정이, 성격이 달라졌다. 단순히 커 가는 과정에서 누구나 겪는 일일까? 아니면 어떤 다른 원인에 의하여 발생한 일일까?

돌 전의 시현이는 환하게 웃으며 - 엄마 친구들은 '썬한 웃음'이라고 했지만 - 누구에게나 잘 가고 잘 안겼다. 한 점의 티도 구김살도 없이 이슬방울처럼 맑은 그 모습 어느 구석에도 불안이나 두려움이 없었다.

그러나 지금은 엄마나 아빠에게 딱 붙어서 떨어지려고 하지 않는다. 다른 사람들은 모두가 경계의 대상이다. 좀처럼 마음을 열지 않고, 좀처럼 가서 안기려고 하지 않는다. 불안해하는 모습으로 주변을 살피며 엄마 품으로만 더 파고든다. 사람을 의심하고 두려워하는 마음이 생긴 것 같다.

욕심도 많아졌다고 한다. 과자나 과일을 먹을 때도 반쯤 먹다가 내버리고는 다른 큰 것을 집어 든단다. 또 제가 먹는 것을 엄마나 아빠가 한 입이라도 먹으려면 난리를 친단다. 먹던 것을 집어 던지기도 한다니. 그 순한 얼굴에, 그 맑은 얼굴 어디에 그런 마음이 숨어 있었는가?

누구나 자라면서 겪는 '낯을 가리는 때'가 된 것이리라. 또 환경이 변한 것도 다른 한 원인일 것이고. 엄마가 일주일에 3일씩 출근을 하고, 그 시간에는 아기 보는 할머니와 같이 있게 되니 불안이 생긴 것이리라. 처음에는 이 할머니에게도 가지 않으려 했지만, 요즈음은 어느 정도 적응이 되었단다. 그래도 엄마와 함께 있을 때보단 못하겠지.

그러나 꼭 그 때문만이 아닌지도 모르겠다. 돌이 되기 전에는 마치 에덴동산에서 선악과를 따 먹기 전의 아담처럼 아무른 의심도 없고 아무것도 두려워하지 않았다.

한데 요즈음은 선악과를 따먹은 후의 아담의 모습을, 하나님의 음성을 듣고 두려워 나무 뒤에 숨는 바로 그 모습을 보여준다. 원죄가 벌써 아가의 마음속에 들어온 것일까? 아니면 삶의 험악함을 깨달아 두려워진 것일까? 그 불안해하는 얼굴을 보면 마음이 아려온다.

물론 근본은 그대로이다. 환한 웃음을 띤 그 맑은 모습은 어디로도 가지 않았다. 엄마 아빠와 같이 있을 때는. 그리고 할머니나 할아버지, 또는 다른 누구라도, 자기 마음을 활짝 열고 대해주면 시현이도 옛날처럼 달려와 안기고 환한 모습을 보여준다. 약간의 시간이 더 걸리기는 하지만.

그렇다면 이 녀석을 앞으로 어떻게 가르쳐야 할까? 눈 감으면 코 베어 가는 세상, 생각지도 못한 기발한 속임수가 날로 늘어가는 요즘 세상에 아무 의심 없이 말 잘 듣는 아이, 욕심 없이 착하기만 한 아이로 키우는 것이 과연 옳은 일일까? 아무리 그렇다 해도 어릴 때는 집에선 부모에게, 학교에선 선생님께 순종하는 아이로 키워야겠지.

또 친구들과 놀 때는 자기 생각을 뚜렷이 말하는 아이가 되었으면 좋겠다.

다만 그럴 때도 고집을 부리거나 욕심을 내지 않아야 할 것이다. 고집쟁이나 욕심쟁이는 모두가 싫어하니. 아무튼 친구를 많이 사귀고 그들과 잘 어울리라고 말해주어야겠다. 엄마 아빠가 언제까지 지켜줄 수 없으니.

어린아이가 아무 의심 없이 또 두려움 없이 사는 그런 세상을 만들 수 없을까? 모두가 어울려 즐겁게 사는 세상은 하나님

나라에서만 가능한 얘길까? 시현이를 위해, 그 동생 유현이와 사촌 형 정원이를 위해, 나아가 이 땅의 모든 아이를 위해 주님의 나라가 하루빨리 이루어지도록 기도드린다.

(2007. 6. 12)

* 헨리 사주시는 '헨리 할아버지', 제임스 사주시는 '제임스 이모' 등 "토마스와 친구들"이라는 만화 영화에 나오는 기차 이름을 붙여주어, 가족들로 그 기차를 사게 만드는 시현이 녀석은 네 살?

성질 있는 아이

어느 날 외손자 정원이가 말했다.

"할아버지! 나 성질 있어."

무슨 소린가 해서 다시 물어보았다.

"성질? 그게 무슨 말이야?"

"나 성질 있단 말이야."

이 녀석 하는 말이 무슨 말인지 도무지 모르겠다. 그래도 아는 척 대답은 해주어야 한다.

"그래 우리 정원이에게 성질 있구나."

"아빠도 성질 있어."

"그래? 그럼 엄마는?"

"엄마는 없어. 우리 집에는 아빠하고 나하고만 성질 있어."

가만히 들어보니 성깔이 있다는 소리 같다.

그것이 요즘 속된 말로 '성질 있다.' 또는 '한 성질 한다.' 식으로 표현되는 모양이다. 아빠가 한 성질 한다는 말은 알아듣겠지만, 자기가 성질 있다는 것은 이해가 안 된다. 뜻도 모르고 하는 소리이겠지. 그래도 겨우 네 살짜리가 성질 있다고 주장하니 재미있기도 하고 어이가 없기도 하다.

그러고 보니 어릴 때는 제 엄마도 성질이 있었던 것 같다. 아버지가 야단을 치면 언니는 잘못했다고 용서를 구하는데, 동생 즉 정원이 엄마는 자기가 옳다고 대들기도 했고, 자기주장을 잘 굽히지 않았던 것 같다. 어쩌면 그 집 사람 모두가 성질이 있는가 보다.

그렇다면 우리 집 즉 정원이 외갓집은 어떤가? 외할머니는 전혀 성질이 없다. 어릴 때부터 교회에서 수양을 쌓은 까닭인지 성질을 내지는 않는다. 그러나 그 대신 남을 성질나게 만드는 일은 아주 잘한다. 같이 있다 보면 속 터지는 경우가 한두 번이 아니다.

나는 어떤가? 생각해 보니 나도 한 성질 하는 것 같다. 여간해서는 잘 드러내질 않지만 내가 부당하게 대우를 받는다고 생각되는 경우 참지 못하는 그런 기질이 있었다. 돌아가신 할머니께서는 이것을 '불뚝 성질'이라고 했고, 남자가 그만한 성질은 있어야 한다고 정당화시켜 주기도 했다.

그래도 큰딸은 성질이 없었던 것 같다. 잘은 모르지만, 그 남편 즉 시현이 아빠도 성질이 있는 것 같지 않고. 그러니 그 아들 시현이도 당연히 '성질 없겠지.'라고 생각했다.

그러나 그게 아니었다. 이 녀석의 성질이 대단하다. 한번 울음을 터뜨리면 한두 시간은 보통이다.

전혀 그치질 않는다. 안아주고, 업어주고, 흔들어도 보고, 밖으로 데려 나가보기도 하고, 온갖 방법을 다 동원해도 듣지 않는다. 이때는 제 엄마・아빠도 감당을 못한다고 한다.

그 소리도 엄청나다. 온 아파트 단지(團地)가 떠나갈 듯하다. 밖에 나가 어르다가, 온 단지 내 사람이 내다보는 것 같아 집으로 들어올 수밖에 없었다. 들어와 문을 모두 닫고서야 안심을 했다. 성질 한번 대단한 녀석이다.

이 녀석들을 앞으로 어떻게 키워나가야 할까? 성질을 죽이고 참으며 살도록 가르쳐야 하나? 아니면 그냥 성질대로 당당하게 살도록 해야 하나? 그러나 아직 결론을 내릴 일은 아닌 것 같다.

나이가 들고, 환경이 바뀌면 성질도 변할 수 있을 것이니. 어쨌든 제 주장은 뚜렷하면서 남의 의견도 받아들일 줄 아는 아이, 잘 어울리는 아이가 되었으면 좋겠다.

어떻게?

글쎄, 그건 제 엄마·아빠 몫이니 내가 고민할 것 아니다.

(2014. 7. 18)

* "할머니 뚱뚱, 할머니 뚱뚱, 엄마는 날씬, 이모도 날씬" 하던 시현이가 이제는 "엄마! 비만은 병이래."라고 걱정한다. 내가 보긴 아직도 괜찮은데.

손자의 꿈

'꿈은 이루어진다.' 2002년 월드컵 때 우리가 내세웠던 표어다. 그때는 정말 온 국민이 같은 꿈을 가졌고 덕분에 4강까지 올라갔다. 꿈은 이렇게 어떤 일에나, 삶에 그 목적을 뚜렷이 해주고 힘을 북돋워 준다.

외손자 성시현은 꿈이 많은 아이다. 그는 세 살 때 이미 여러 개의 꿈을 가졌다. 그중 당장 이루어졌으면 하는 꿈은 종일 엄마와 같이 있는 것이다. 그러나 엄마는 아침 8시만 되면 출근해 버린다. 아픈 척도 해보고 잠든 척도 해보지만, 소용이 없다. 그래도 시현이는 오늘도 같은 꿈을 꾼다.

물론 다른 꿈도 있다. 기차를 운전하는 기관사가 되겠다는 꽤 야무진 꿈이다.

그러다 보니 장난감도 대부분 기차다. 또 아빠・엄마와 함께 지하철을 타는 것과 기차 박물관에 가는 것을 너무 좋아한다. 가족들이 외식(外食)할 때나 집에 손님이 와서 긴 상(床)을 차리면 시현이는 꼭 한 쪽 모서리에 앉는다. 상은 기차고 자기는 기관사기 때문에 그곳에 앉아야 한단다.

그러나 주말 외갓집에서 이종 형(姨從 兄) 정원이와 어울릴 때는 다르다. 둘이서 경찰차나 소방차를 이끌고 도둑을 잡거나 불을 끄고 사람을 구하면서 신나게 논다. 정원이가 경찰차를 몰고 '삐요' '삐요' 소리를 내며 달려가면, 그 뒤를 시현의 소방차가 '애앵' '애앵' 소리를 내며 따라간다. 이렇게 형과 어울리면서 경찰관과 소방관이 되는 꿈이 더해졌다. 그 밖에도 의사나 선생님 등 하고 싶은 일이 너무 많아 요일마다 다른 일을 하면 어떨까 고민한단다.

오늘날 우리 주위엔 일찍 꿈을 정하고 노력해서 성공한 사람이 많다. 김연아가 그랬고 박세리가 그랬으며 이창호도 그렇다. 외국에는 더 많은 사례가 있겠지만, 그중에서도 하인리히 슐리만의 꿈과 그 성공담은 우리에게 너무나 큰 감동을 준다. 1822년 독일의 작은 마을에서 태어난 슐리만은 7살 때 그리스 시인 호메로스의 '트로이 목마' 얘기를 듣고 '트로이'를 찾겠다는 꿈을 세웠다고 한다.

그리고는 약 40년 동안의 치밀한 준비를 거쳐, 46세에 트로이 발굴의 첫걸음을 내디뎠다. 여러 번의 실패와 수많은 난관을 극복하고 1873년에 마침내 땅속에 묻혀있는 트로이의 유적을 발굴했을 때 온 세계는 얼마나 놀랐던가?

어린 시절에 스스로 꿈을 세우고 평생 준비하는 모습과 또 도전과 실패를 거듭한 후 끝끝내 성공을 이루는 그 모습이 너무나 아름답고 또 부러웠다.

시현에게도 벌써 이룬 꿈이 하나 있다. 외갓집에서 정원이와 사이좋게 놀지만 그런 가운데서도 형이 부러웠던가, 자기가 형이 되고 싶어 했다.

"두 살만 더 먹으면 내가 형이 되는 거지?"

세 살 때 시현이가 한 말이다. 그러나 자기가 두 살 더 먹으면 형도 두 살 더 먹는다는 것을 알고는 실망하다 방향을 바꾸었다. 동생이 하나 있으면 좋겠다고.

시현의 소원 탓인지 2년 후에 동생이 태어났다. 형이 되는 꿈을 이룬 것이다. 그러나 꿈이 꼭 아름다운 것만은 아니었다. 엄마에게 안겨 젖을 먹는 동생이 부러운 듯 그 앞에 앉아서 빤히 쳐다보며 눈물을 뚝뚝 흘리더란다.

"시현아 왜 우니?"

"우는 게 아니야. 눈에 무엇이 들어가서 그래."

안타까워 묻는 엄마에게 변명하는 그 모습이 더 애처로웠다며 엄마도 울먹인다.

꿈은 아름답다. 그러나 그 꿈을 이루는 길은 험하고 힘들다. 또 막상 꿈을 이루어 놓고 보면 이처럼 허망할 때도 많다. 그렇더라도 꿈을 가지고 사는 것이 꿈도 없이 사는 것보다 보람 있고 행복하지 않을까? 행복이란 꿈을 이루어 가는 과정에서 얻게 되는 부산물이므로.

돌아보면 나의 지난날은 아무런 꿈도 없었던 삶이었다. 그저 취직 잘되는 전공을 택했고, 안정된 직장에서 편히 사는 것으로 만족했다. 그래서인지 손자들만은 나처럼 살게 하고 싶지 않다. 슐리만이 트로이를 찾겠다는 꿈을 세웠을 때 그 부모는 어떻게 했을까? 주위의 사람들처럼 비웃고 말렸을까? 그러지 않았을 것이다. 오히려 장한 일이라 칭찬하며 힘을 실어 주었을 것 같다.

기관사가 되겠다던 꿈이 이젠 과학자가 되는 것으로 바뀌었지만, 아직은 어린아이의 꿈이다. 그러나 언젠가는 시현이도 제가 좋아하는, 그리고 보람 있는 일에 꿈을 세우고, 그 꿈을 위해 평생을 바치는 삶을 살았으면 싶다. 아빠·엄마가 시현의 적성에 맞는 몇 가지 일을 보여주고 또 그 실천 과정도 알려주어 함께 정하면 어떨까?

시현의 꿈은 물론, 다른 손자들의 그 어떤 꿈이라도 할아버지는 긍정적으로 받아들이고 또 적극적으로 밀어주리라고 다짐한다. 그리고 할 수 있다는 자신감을 가지도록 이처럼 말해주리라.

"너희의 꿈은 틀림없이 이루어진다. 너희가 좋아하고 또 할 수 있다고 생각만 한다면…."

(2009. 9. 13)

* 명언(名言) 집에서
- 스웨덴의 탐험가 헤딘: '자기가 할 일을 소년 시대에 찾은 사람은 행복하다.'
- 미국의 대통령 케네디: '무슨 일을 하든 세계 제1인자가 되라. 설혹 막일을 하더라도 세계 제1의 막일꾼이 되라.'

일반시민

현관문을 열어 제치고 떠들썩한 소리가 와그르르 들어온다. 토요일의 단골손님 외손자들이다. 다섯 살배기 시현이와 그 동생 유현이가 먼저 오고, 곧이어 두 살 위인 이종(姨從) 형 정원이도 온다. 제 엄마들과 함께.

시현이는 정원이 형과 노는 것을 제일 좋아한다. 이날만큼은 엄마·아빠보다 형을 더 친다. 돌이 안 된 유현이도 마찬가지다. 같이 놀기를 바라며 보행기를 밀고 따라 다니나, 형들은 끼워주지 않으려 한다. 그리고 외할머니도 인기가 낮다. 아니 완전 꼴찌다. 저들과 같이 놀아주지 않기 때문이다. 이런 외할머니를 손자들은 '일반시민'이라고 부른다.

손자들이 말하는 '일반시민'이란 어떤 사람들일까?

아마 만화 영화에 나오는 주인공도 악당도 아닌 사람, 평화로울 때는 친하게 지내다가 어려운 일이 닥치면 허둥지둥 도망가는 사람들일 것이다. 그 '일반시민'이 오늘을 살아가는 어른들과는 또 어떻게 다를까? 똑같지는 않더라도 이웃에 대한 무관심이나 방관자적인 태도는 크게 다르지 않을 것 같다.

얼마 전 같이 공부하는 노인 한 분이 지하철역 개찰구를 지나는데 갑자기 다른 한 노인이 나타나 뒤에서 목을 조르며 "내 카드 내놓아."라고 악을 쓰더란다. 깜짝 놀란 할머니가 옆의 난간을 붙들고 "도와주세요."라고 거듭 소리쳤으나, 아무도 도와주지 않더란다.

그런 상태로 한참을 버틴 다음에야 역무원이 오고, 그 역무원의 신고로 경찰이 와서 풀려났지만, 이 사건을 그냥 보고만 서 있던 주변의 사람들, 특히 젊은이들이 더 괘씸하더라고 했다. 바로 이것이 오늘날 '일반시민'의 전형적인 모습인 것 같아 씁쓰름하다.

물론 내가 그 자리에 있었더라도 마찬가지였으리라. 손자들은 어떻게 생각할지 몰라도 할아버지도 분명 '일반시민'에 지나지 않는다. 기껏해야 역무원을 부르거나 112에 신고했겠지. 그리고 손자들에게도 이렇게 말해주었을 것이다. "너희들도 할아버지처럼 신고하는 사람이 되라."고.

만화나 영화에선 용기 있는 누군가가 나서서 악인을 물리친다. 또 그것이 좋게 보인다. 그러나 현실에서는 다르다. 오늘날은 어떤 경우라도 개개인의 힘이 아니라 법으로 해결해야 한다. 맞서 싸우지 말고 재빨리 경찰이나 선생님에게 알려주는 것, 그것이 용감한 어린이나 착한 어린이가 할 행동이다.

더불어 '일반시민'이 용기도 없고, 이웃에게 아무런 도움도 되지 않는 사람이라고 생각하는 것은 옳지 않다. 법을 지키며 묵묵히 자기 일을 해나가는 그들이야말로 안정된 사회를 만드는 큰 힘이요 바탕이다. 그러므로 절대로 그들을 비웃거나 낮잡아 보아서는 안 된다.

방문이 활짝 열리더니 이 녀석들이 우르르 달려든다. 유현이 녀석도 보행기를 굴리며 뒤따르고. 그러나 오늘은 할아버지도 그냥 당할 생각은 없다. 미리 준비하고 있다가 먼저 공격을 한다.

"꼼짝 마, 손들어!"

그렇다고 순순히 항복할 녀석들이 아니다.

"야! 흩어져!"

"땅땅, 땅 땅 땅"

형의 소리에 맞춰 양쪽으로 갈라서서 일제히 총을 쏜다. 결국, 할아버지가 총을 맞고 쓰러진다. 그러자 저들은 "와" 하고 소리치며 의기양양 돌아간다. 이럴 때는 다 나갈 때까지 계속 움직이지 않고 있어야 한다. 조금이라도 움직이면 다시 공격하니.

애들이 어울려 노는 모습이 참 보기 좋다. 바로 이것이 '일반시민'인 나의 제일 큰 행복이다. 저들도 마찬가지일까? 어쨌든 오늘도 당하고 말았다. 조금 분(?)하고 억울하지만, 그래도 손자들에게마저 '일반시민'이 되는 것은 면했으니 다행이라고 할까?

(2012. 1. 16)

* 성경에서
- 마땅히 행할 길을 아이에게 가르치라. 그리하면 늙어도 그것을 떠나지 아니하리라. (잠언 22:6절)
- 보라. 형제가 연합하여 동거함이 어찌 그리 선하고 아름다운고. 거기서 여호와께서 복을 명하셨나니 곧 영생이라. (시편 133:1.3)

귀여운 괴물

토요일만 되면 우리 집은 도떼기시장이 된다. 거실을 비롯하여 방마다 장난감이 무더기로 흩어져 있고, 제자리에서 쫓겨난 책과 전화기 그리고 TV리모컨 등이 그 속에서 숨바꼭질한다. 의자도 방석도 제멋대로 나뒹구니 난장판이 따로 없다. 외손자들 때문이다.

아홉 살짜리 큰 외손자 김정원과 일곱 살짜리 성시현 그리고 이제 세 살이 된 그 동생 성유현이 이 사태의 주인공들이다. 그런데 이 녀석들 모두, 그중 막내 유현이가 특히, 외갓집에 오는 걸 그렇게 좋아한다.

유현이가 외갓집을 좋아하는 것은 형들과 어울리고 싶어서다. 그러나 형들은 그렇지 않은 것 같다. 위로 둘은 뜻이 맞아, 장난감으로 연구실을 차리고 또 역할을 정하여 잘 놀면서도 유현이는 끼워주지 않으려 한다. 말이 통하지 않을뿐더러 정리해 둔 모든 것을 엉망으로 만들기 때문이다.

그래서 이들은 동생을 '귀여운 괴물'이라 부르며 따돌리고, 때로는 방에 들어오지 못하도록 문을 잠가 버리기도 한다. 그럴 때면 이 녀석은 할아버지 손을 이끌고 가 방문을 열게 한다. 할아버지가 야단을 치고 책임을 진다고 해야 겨우 문을 열어준다.

어쩌다 한 번쯤 형들이 유현이의 손을 잡고 빙빙 돌며 춤을 추거나, 줄을 지어 칙칙폭폭 기차놀이를 해주면 깔깔대며 좋아한다. 또 형들이 만화영화의 주인공이 되어 '반 할아버지 연합군(反 祖父 聯合軍)'을 만들 때 같은 편으로 끼워주면 기뻐 어쩔 줄을 모른다. 여기저기 막 돌아다니고 침대에 올라가 방방 뛰기도 하고 괴성을 지르기도 한다.

그러나 얼마 전 결국 우려하던(?) 일이 일어나고 말았다. 초등학교도 유치원도 다 방학이라 시현이 엄마가 정원이를 자기네 집으로 데려갔는데, 여기서도 형들이 방문을 잠가 버리고 저희끼리만 모여 놀았다고 한다.

형들과 같이 놀기를 잔뜩 기대하던 유현이가 몇 번이나 방문을 두드렸으나 열어주지 않으니, 눈물을 글썽이며 보모인 권사님께 달려가 "정원이 형 미워. 할머니! 방에 들어가 누워 놀자." 하더란다. 물론 엄마가 잠깐 외출한 중에 일어난 일이다.

애틋함을 금할 수 없었다.

눈물을 흘리며 돌아서는 그 모습이 눈에 선하고, 유현이가 불쌍하다는 생각마저 들었다. 정원이를 불러다 한 번 야단을 쳐야겠다고 마음먹었으나, 생각해 보니 그도 아직 어린아이에 지나지 않는다. 다행히 엊그제는 정원이가 유현이를 아주 잘 데리고 놀았다.

방학이 끝난 시현이는 유치원에 갔고 유현이만 외갓집에 왔다가 심심해하는 이종(姨從)형을 만난 것이다. 장난감 자동차로 경주도 하고, 숨바꼭질도 하고, 공놀이도 하는 등 한나절을 같이 놀아준다. 유현이도 기분이 좋아 "형아! 형아!" 하며 졸졸 쫓아다닌다. 미워한다는 말은 벌써 잊어버렸다.

'동무'란 '벗 또는 친구'를 뜻하는 말이지만, 어린아이들에게 더 어울리는 것 같다. 아이들은 엄마 품을 떠나, 저희끼리 달아나고, 쫓아가고, 넘어져 땅바닥에 뒹굴면서 동무가 된다. 또 어른들이 금하는 일, 꽃밭에 들어가거나 흙을 만지는 등의 나쁜 일에 공범자가 될 때 우정이 더 깊어진다. 모두가 이렇게 커가면서 동무를 만들지만, 요즘은 동무 사귀기가 그리 쉽지 않다. 유치원에 들어가기도 전부터 여기저기 학원에 다녀야 하니, 아이들이 같이 어울릴 시간이 없다.

또 자기 자식만을 위하는 어른들의 이기심도 한 원인이다. 같이 놀 동무가 아니라, 자기 아이에게 도움이 될 아이만을 고르다 보니 순수한 우정이 싹틀 수 없다. 언젠가 자기들끼리의 약속만을 믿고 엄마에게 붙잡혀 간 동무를 한 시간이나 기다리던 정원이나, 엄마가 집에 없다는 이유로 동무 집에서 쫓겨난 시현이가 다 이런 이기심의 피해자다. 그 이기심은 나도 마찬가지다. 시험 답안지를 들고 온 정원이나 시현에게 친한 동무들의 성적을 캐물어 봄으로 그들을 경쟁자로 만들어버리니.

동무가 없는 아이들은 결국 집에서 TV를 보거나 게임을 하면서 시간을 보낼 것이다. 또 그렇게 자란 아이들은 사회성이 떨어져, 다른 아이와 잘 어울리지 못하는, 이기적이고 고집 센 아이가 될지도 모른다.

우리 아이들만은 그렇지 않아야 할 텐데. 아니 세상의 모든 아이가 다 그렇게 되지 않아야 할 텐데. 유현이가 자라서 제 동무를 많이 사귈 때까지 형들이 동무가 되어주었으면 좋겠다. '귀여운 괴물'이 아니라 '귀여운 동무'로 인정해 주었으면 더 좋겠다.

(2011. 8. 31)

* "난 엄마가 보고 싶으면 엄마 베개에 누워 있어. 엄마 베개에선 엄마 냄새가 나거든." - 이렇게 감정이 풍부한 유현이를 두고 괴물이라니.

겨울이 깊으면

입춘과 우수를 지났으니 추위가 풀릴 때도 됐건만, 연일 영하 15도를 오르내리는 강추위가 절기를 아랑곳하지 않고 완강히 버티고 있다. 이런 날씨에 겨울잠에 빠진 개구리가 나올 리도, 강남 갔던 제비가 돌아올 리도 없으니 봄을 기대하는 것은 무리다.

그런데도 철없는 개나리 한두 송이가 성급하게 꽃망울을 내밀었다가 얼어붙어, 보는 사람을 안타깝게 한다. 철이 없는 것은 꽃만이 아니다. 우장산 남쪽 비탈의 한국폴리텍대학 운동장에는 한 어린아이가 놀고 있다. 그 할머니와 함께.

다섯 살가량의 아이는 발목까지 올라오는 두툼한 신발과 몸에 달라붙는 털 바지, 그리고 후드가 달린 주황색 패딩 코트로

추위를 막고 있다. 그래도 얼굴만은 어쩔 수 없는지 발갛게 상기된 채 통통통 뛰어다니는 모습이 귀엽기 짝이 없다.

할머니가 뒤를 쫓으며 무엇이라고 말을 하지만 듣지 않는 것 같다. 오히려 재미있다는 듯 깔깔대며 도망간다. 이 추위에 밖으로 나온 것을 보면 어지간히 말도 안 듣는 녀석인가 보다. 산책하다 이 모습을 본 내가 할머니에게 다가가 말을 건넸다.

"애가 참 귀엽네요. 춥지 않을까요?"

"양지쪽이라 괜찮을 거예요."

"그래도 얼굴이 발간데…."

"이렇게 한바탕 놀고 가면 밥도 잘 먹고 낮잠도 잘 자요."

아이라고 추위를 모를까? 느끼기는 하지만, 뛰노는 것이 더 좋아서겠지.

할머니라고 이런 날씨에 감기 들기 쉽다는 것을 어찌 모를까? 그러나 춥다고 집안에서 웅색하게 뒹구는 것보다 추위를 무릅쓰고 밖으로 나와 노는 것이 건강에 더 좋다고 생각해서겠지.

감기나 기침을 할 수도 있지만, 그보다는 잘 먹고, 잘 자고 또 잘 노는 것이 자라는데 더 도움이 되리라고 생각한 것 같다. 나아가 춥다고, 힘들다고, 또 어렵다고 움츠러들기보다 환경에 맞서 당당히 나서는 정신이 더 중요하다고까지 생각한 것인지도 모르겠다.

대학 캠퍼스는 동서로 길게 늘어서 있어 전체가 남향이다.

더구나 정문을 지나 본관으로 가는 길 양쪽에 있는 두 개의 운동장은 모든 건물이 병풍처럼 감싸고 있어 바람은 막아주고 햇볕만 들게 하는 곳이다. 밖에 나가고 싶어 하는 아이를 위해 이런 양지바른 곳을 찾아주는 할머니 마음이 햇볕보다 더 따사롭다.

이제 곧 겨울이 지나면 봄이 오고, 봄이 오면 교정(校庭)은 물론, 주변의 산책로에도 아름답게 꽃이 피어나리라. 길 따라 개나리들이 줄지어, 그리고 군데군데 진달래가 무리 지어 피고 메마른 나뭇가지에도 움이 틀 것이다. 봄은 이처럼 변화의 계절이자, 사람에게 꿈을 꾸게 하는 계절이다.

어린아이나 청소년들은 꿈속에서 자기 미래를, 아침 햇빛처럼 찬란한 청사진을 그릴 것이다. 그러나 저 할머니나 나 같은 노인의 꿈은 어쩌면 자기가 아니라 자식이나 손자의 미래에 대한 그림을 그리는 것 아닐까? 자기 미래상이 아니라고 누가 그 꿈을 부질없다 하랴. 아름답지 않다고 하랴.

왁자지껄 떠드는 소리와 함께 몇몇 청년들이 나타나 한쪽 가의 농구대에 공을 던져 넣는다. 이를 보고 아이는 불안한 모습으로 할머니에게 다가와 슬그머니 손을 잡는다. 그리고는 서로의 눈을 맞추어보고는 뜻이 맞은 듯 교정을 나선다. 교문 앞 산책로를 가로지르면 그 밑엔 아파트로 내려가는 계단이 있다.

한 계단 내려서서 얼굴을 보고, 또 한 계단 내려서서 또 한 번 쳐다보며 서로 의지해서 내려간다.

그들의 떠나는 모습을 물끄러미 바라보며 나도 손자들에 대한 아름다운 꿈을 그려본다. 꽃에는 늦추위가, 어린아이에게는 낯선 사람에 대한 불안이 하나의 시련이 되겠지만, 시련이 꼭 불행을 의미하는 것은 아니다. 이 시련을 이김으로써 내일은 더욱 행복하게 될 것이다.

겨울이 깊으면, 또 이처럼 겨울의 시련을 잘 참고 견디면, 머지않아 찬란한 봄을 맞이할 수 있으리라. 꽃이 피고, 새가 울고, 햇볕이 따뜻한 날을. 그리고 그 언덕에서 마음껏 뛰놀 수 있으리라. 나도 저 어린아이도.

(2012. 2. 16)

* "엄마가 우리 엄마라서 너무 좋다." - 이렇게 애교를 부리는 유현이.

행복의 조각보

요즈음은 새도 곤충도 공휴일에 노는가 보다. 까치 소리도 매미 소리도 들리지 않는 한가한 아침. 햇살이 우르르 몰려와 창문을 두드리지만 못 들은 척 돌아눕는다. 아내가 방문을 열어보고는 그냥 간다.

아무 약속도 없는 휴일 아침이 마냥 행복하다.

한 달에 한 번 정도로 이발소에 간다. 아파트 상가 지하에 있는 작은 이발소엔 의자가 셋인데 주인 혼자서 운영하고 있다. 마침 손님이 없는 터라 이발사가 더 반갑게 맞아준다. 어느 곳이나 마찬가지지만, 이발사는 말이 많다. 이곳도 예외가 아니다. 의자에 앉자마자 말을 붙인다.

"선생님 머리가 참 좋습니다."

"어! 초등학교 때 우등상 한 번 받은 것을 어떻게 알았어요?"

뻔히 알면서도 모른 척 엉뚱하게 대답한다.

"그게 아니고 머리카락 말입니다. 이 연세에 색깔도 검고 숱도 많아 한참 젊게 보입니다."

가끔 듣는 말이지만 그래도 은근히 기분이 좋다. 칭찬은 어른도 춤추게 하나보다. 나오면서 쳐다본 간판에는 '행복 이용원'라고 적혀 있다.

"이름 하난 잘 붙였군."

사람들 앞에서 자식 얘기를 꺼내면 만 원을 내놓으라고 한다. 경상도 지방에선 더 심하여 '자식 자랑하는 사람은 반(半) 미치광이, 아내 자랑하는 사람은 온 미치광이'라고까지 한다. 그러나 오늘은 돈을 내놓든, 미치광이 소리를 듣든 손자 자랑 좀 해야겠다.

얼마 전 큰 딸네 가족이 여름휴가로 괌에 다녀왔다. 인사차 엄마와 함께 외가에 온 손자들에게 말을 건넨다.

"여행 재미있었어?"

"예. 할아버지! 재미있었어요." 둘의 대답이 똑같다.

"그래 할아버지 생각은 했어?"

그러나 이 질문의 답은 각각 다르다.

"아뇨, 할아버지 생각은 못 했어요. 죄송해요." 이건 큰손자의 대답이다.

"예. 할아버지." 이건 작은손자의 대답이다.

큰손자 시현이는 안 했다고 대답하는데, 작은손자 유현이는 했다고 한다.

"거짓말하지 마. 너 언제 할아버지 생각했어?"

큰 녀석 시현이는 솔직하다. '바른 생활 표' 어린이다. 곧바로 동생을 추궁한다.

그러나 다섯 살배기 동생은 태연하게 말한다.

"그래도 그렇게 말하면 할아버지가 슬퍼하잖아."

가슴이 뭉클해진다. 할아버지가 슬퍼할까봐 거짓말을 했다는 손자 녀석 때문에 나는 오늘도 기쁘다. 행복해진다.

대장(大腸) 내시경 검사를 위해 전날 오후 다섯 시에 죽 한 그릇 먹은 것이 전부였다. 그리고는 설사약과 함께 물을 마시고 설사를 하고, 또 물을 마시고 설사를 하고…. 검사 당일 오전 10시에 순서를 기다리고 있는데 옆에서 커피 향이 나를 유혹한다.

돌아보니 한 사람이 커피를 마시고 있고, 그 옆에 봉지 커피와 뜨거운 물과 종이컵이 준비되어 있다. 기다리는 손님을 위해서 준비한 것이다. 간호사에게 다가가 말을 건넨다.

"이젠 검사할 시간이 됐으니 커피 한잔쯤 괜찮지 않나요?"

"안돼요. 검사하기 전에는…."

"위를 검사하는 것도 아니고 마신 것이 대장까지 내려가려면 시간이 한참 걸릴 텐데 왜 안 돼요?"

따져 묻는 환자가 이상하다는 듯 쳐다보는 간호사가 못을 박는다.

"어쨌든 절대 안 돼요."

물론 그 정도는 참을 수 있다. 그러나 오늘따라 유난히 진하게 번지는 이 향기.

"검사부터 하고 나오세요. 제가 한 잔 맛있게 타 드리지요."

커피를 들고 있는 낯선 남자의 말에 천 냥 빚을 졌지만, 저절로 미소가 떠오른다. 말 한마디가 주는 기쁨이고 행복이다.

이런 작은 기쁨은 어디에나 있다. 집안에도, 교회에도 또 길거리에도. 그리고 어느 때나 찾을 수 있다. 밥을 먹다가도, TV를 보다가도, 친구들과 얘기를 나누다가도.

세상사 새옹지마라고 하지 않던가. 야누스의 얼굴이라고도 하고. 불행이라고 생각되던 것이 뒤집어 보면 행복일 경우도 적지 않다. 차가 밀리는 귀성길에서 왜 명절을 만들었느냐고 푸념하고 불행을 말하지만, 명절에 찾아뵐 부모님이 계시다는 것만 해도 엄청난 행복 아닌가?

손자들에게 줄 옷이나 선물을 사는 할머니. 돈이 많이 든다고 불평하지만 그런 손자가 있다는 것이 바로 행복이다. 몸이 아프다고 불행을 말하지만 어쩌면 살아있다는 그 자체가 행복이 아닐까.

요즘 나는 행복하다. 세상을 놀라게 할 큰일을 한 것도 아니요. 로또가 당첨되어 많은 돈이 생긴 것도 아닌데. 여기저기서 작은 기쁨들이 생기기 때문이다. 비록 작은 기쁨이지만 나는 그것을 가족들에게 알려준다. 그들에게도 기쁨이 되도록. 또 그들의 자랑도, 작은 기쁨도 다 받아들인다. 가족의 자랑이 내 자랑이고, 가족의 기쁨이 곧 내 기쁨이니까. 이처럼 나는 가족들의 작은 기쁨까지 받아들임으로써 더 행복하다.

행복은 큰일에서만 생기는 것이 아닌 것 같다. 작은 베 조각이 모여 아름다운 조각보가 되는 것처럼 이런 작은 기쁨들이 모여 행복한 삶이 되는 것 아닐까? 더 많은 베 조각을 모아야겠다. 이웃의 기쁨에도 참여하여.

"이젠 그만 일어나요."

아내의 쉿소리가 상념에 빠진 나를 깨운다. 그러나 그 목소리조차 나를 행복하게 해주는 하나의 베 조각이다.

(2013. 10. 3)

* "넌 한글 읽기를 나보다 잘하잖아." 달리기에서 자기보다 못해 시무룩한 친구를 달래주는 유현이의 마음. 그것도 행복의 한 조각이 아닐까?

5부

"비록 행복할 일이 없더라도 행복한 표정을 짓고 행복한 마음을
가지세요. 그러면 행복이 저를 반기는 줄 알고 찾아올 것입니다."
주일 설교 시 목사님의 말씀입니다.

그렇습니다. 행복의 집에는 문이 많고, 찾아가는 길도 하나뿐이 아닙니다.
나름대로 그중의 몇 개를 정리하고, 또 이런 저런 생각도 모아보았습니다.
하지만 어찌 이뿐이겠습니까?
이것이 유일한 방법이 아니고, 이 글만이 진리도 아닙니다.

그래도 이 글이 모두의 행복에 조금이나마 도움이 되기를 소망해 봅니다.

그 밖의 넋두리들

참 행복을 찾는 여행엔 짐도 가볍다

|| 보문 족제비 || 라면에 대한 소고 || 꿈을 찾아 남으로 || 산이 좋아 || 아름다운 세상
|| 어느 고독한 새벽에 || 지하철 단상 || 충주호에서 || 베이징 올림픽 || 눈을 들어 ||

보문 족제비

경주 보문공원의 호숫가. 추석을 맞아 처가에 들른 세 동서(同壻)가 한가위 달을 구경하려 이곳에 왔다. 그러나 달은 물속에서 찡그리고 있다. 뻔히 보이는데도 돌아갈 수 없는 그곳이 그리워서인가?

가까운 포항 출신으로 이 일대의 초등학교 교장을 여러 곳 지낸 둘째 동서가 전설 하나를 들려준다.

본래 작은 산촌(山村)이었던 이곳 보문에는 족제비가 많았다고 한다. 족제비의 주업(?)은 농가의 닭서리다. 그렇지만 날씨가 추워지면 닭장 주변을 짚단으로 막거나 헛간에 몰아넣고 문을 닫아버리기에 닭서리는 거의 불가능했다.

굶주린 족제비의 눈에 뜨인 것이 까마귀였다. 늦가을부터 봄까지 몰려다니는 갈가마귀 떼다. 그러나 날개 달린 새를 어떻게 잡는단 말인가? 그런데 한 마리 족제비가 머리를 썼다. 가까운 무논에 뒹굴어 흙투성이가 된 다음 논둑에 우뚝 섰다. 마치 말뚝처럼.

몸이 굳어지는 고통 속에서 한참을 기다리니 한 녀석이 그 말뚝(?) 위에 내려앉는다. 순간 족제비의 날카로운 발톱이 까마귀를 덮치고 그것으로 사냥은 끝이다. 아무리 날개가 달렸어도 어쩔 수 없다. 이 족제비의 까마귀 사냥법이 알려지면서 특별히 영리한 족제비를 뜻하는 '보문 족제비'라는 말이 생겼다고 한다.

세월이 흘러 이곳에 관광단지가 들어서면서 마을도 논밭도 갈가마귀도 다 사라졌단다. 마당으로 텃밭으로 모이를 찾아 도는 닭과 병아리도, 싸리 울타리 틈새로 고개를 내밀고 기회를 노리던 족제비도, 그리고 갑자기 두 귀를 쫑긋 세우고 일어서는 늙은 개도….

족제비는 포유류에 속하는 족제빗과의 동물이다. 몸의 크기는 30~40㎝, 꼬리 길이가 10~20㎝ 정도라고 한다. 먹이는 쥐나 뱀, 개구리, 조류 같은 작은 동물이나 귀뚜라미, 여치 같은 곤충이고, 곧잘 닭과 토끼 등 가축도 잡아먹는다.

가축을 잡아먹는 행위로 사람에게는 미움을 받지만, 그러나 그것은 사람 측면에서 본 것일 뿐 족제비 입장에서는 다르다. 본래 육식동물인 족제비의 먹이였던 닭이나 토끼를 사람들이 잡아다 가둔 것이므로 약탈을 당한 것은 오히려 자기들이라 생각하고 있는지도 모른다.

족제비는 영리하다. 흔히들 개를 영리하다지만, 사실 족제비가 더 영리하다. 의식주를 스스로 해결하는 것만 봐도 알 수 있다. 또 있다. 닭 쫓던 개는 지붕을 쳐다보고만 있으나, 족제비는 그 닭을 잡아간다. 그리고 '개 꼬리 3년 두어도 황모(족제비 꼬리털) 되지 못한다.'는 말처럼 꼬리도 훨씬 낫다. 털가죽도 마찬가지고. 족제비는 살았을 때와는 달리 죽은 후 사람의 사랑을 더 받는다. 붓이 되어, 목도리가 되어.

그러나 문명의 발달과 더불어 이것도 사라져 간다. 요즘은 목도리를 한 사람이나 붓을 찾는 사람이 거의 없다.

사라지는 것이 족제비뿐이 아니란다. 개 짖는 소리도, 닭 우는 소리도 들리지 않는 마을이 늘어나고, 학교가 줄어들며, 아이들의 웃음소리도 사라졌단다. 그 맑디맑은 얼굴들이 도시 아이들 틈에서 잘 지내고 있는지, 사투리를 쓴다고 놀림을 받는 것은 아닌지 걱정도 한다. 그리고 이 전설마저 사라지고 있다며 한숨을 쉬는 둘째 동서의 얼굴이 밝지 않았다.

대학교수인 셋째 동서가 이 전설을 학생들에게 들려주어 전설이 사라지는 것만은 막아보겠다고 했다. 그는 이 족제비의 사냥법을 빌 게이츠의 성공 사례와 비교했다. 컴퓨터 명령어를 디스켓 한 장에 수록한다는 기발한 생각, 명문 하버드 대학을 뛰쳐나와 회사를 세운 용기, 그리고 많은 도전과 경쟁을 견뎌

냄으로 굴지의 기업을 만든 것이 서로 비슷하다며.

만약에 족제비의 세상에도 특허 제도가 있었다면 그 족제비는 큰 부자가 되었으리라. 그러나 자연계에는 특허가 없다. 필요한 것을 그때그때 구할 뿐 아무도 부(富)를 쌓아두거나 대물림하지 않는다. 그것이 하나님의 뜻이 아닐까?

사라지는 것들이 나도 슬프게 한다. 특히 타의(他意)에 의해 억지로 떠나는 것은 더 그렇다. 비 끝에 잘못 나왔다가 땅속으로 들어가지 못하고 포장도로에서 죽어가는 지렁이를 보면 안타까움을 금할 수 없다. 개발이란 이름 아래 얼마나 많은 생명이, 자연이 파괴되었던가?

무거운 마음을 떨치고 일어서는데 이심전심인가, 모두가 울적한 표정이다. 그러다 서로를 바라보며 크게 한번 웃는 것으로 마음을 추슬렀다. 하늘에서도 보름달이 환히 웃고 있다. 우리를 내려다보며.

(2014. 10. 23)

* 지혜를 얻은 자와 명철을 얻은 자는 복이 있나니, 이는 지혜를 얻는 것이 은을 얻는 것보다 낫고 그 이익이 정금보다 나음이니라.(잠언 3장 13절, 14절)

라면에 대한 소고

비 내리는 오후. 너른 집안에 나 혼자다. 컴퓨터의 자판을 두드리다가 왠지 출출하여 일어섰다. 부엌으로 가서 가스레인지에 냄비를 올려놓고 물을 끓인다. 그리고 찬장을 뒤져 라면을 찾는데 빗소리와 함께 라면에 대한 여러 가지 생각이 떠오른다.

내가 라면을 알게 된 것은 대학 1학년 때니 40년도 더 되었다. 기숙사 구내 다방에서 처음 만나 첫맛에 반해버린 라면. 늦게까지 공부하다가 룸메이트와 같이, 또는 친구들과 모여 놀다가 그들과 함께 먹는 그 맛이란! 노란 냄비에 노란 라면이 보글보글 끓는데, 그 위에 달걀노른자가 하나 얹혀 있고 역시 노란 단무지가 곁들여 나왔다.

또 다른 추억은 군대에 있을 때다. 병기 중대에서 근무했는데 공장 관리를 맡은 우리 사무실엔 장교와 상사 외에도 하사가 네 명이나 되었다. 그리고 일반 병(兵)도 4명. 일등병 계급장을 뗄 때까지 하사 네 명의 식사 당번하느라 고생도 했지만, 한 가지 좋은 점은 주말 특식(特食)으로 나오는 라면을 몽땅 차지하는 것이었다. 하사들은 모두 외출해 버리므로. 춥고 배고픈(?) 군대생활에 주말마다 라면 네 개를 독차지한다는 것은 특권 중의 특권이었다.

면(麵) 종류의 음식에는 우동이나 잔치국수처럼 국물이 있는 것도, 자장면이나 비빔국수처럼 국물이 없는 것도 있다. 라면도 국물이 어느 정도냐에 따라 그 맛이 달라진다. 아내는 국물이 많고 면이 퍼지지 않게 끓이지만, 나는 국물이 거의 없고 좀 퍼진 것을 좋아한다. 자장면이나 스파게티처럼.

내가 라면을 끓이는 방법은 이렇다. 먼저 작은 냄비에 물을 두 컵쯤 붓고 팔팔 끓이고 나서 라면을 집어넣는다. 2분 정도 지나 물을 국자로 두 번 퍼낸 다음 라면 수프를 절반만 넣고 다시 1분을 더 끓인다. 그 후에도 2~3분 정도 식혀서 퍼지게 한다. 라면이 퍼지면 한결 부드러워지기 때문이다. 우리의 삶에서도 퍼지는 시간을 주는 것, 즉 기다려 주는 것이 필요할 때가 많다. 일을 부드럽게 풀어나가는 지혜가 아닐까.

아무리 좋게 봐주어도 라면이 고급 음식은 아니다. 부자들보다는 서민이나 젊은이들이 더 찾는 음식이다. 외로운 자의 벗이자 가난한 자의 친구다. 여행이나 등산 등 나돌아 다니는 자의 동료이고, 두문불출 외부와 벽을 쌓고 있는 독신자의 지기(知己)다. 밤늦게 일하는 자 또는 노름꾼들과 한패고 게으른 자의 단짝이기도 하다.

이처럼 라면은 대중 친화적 음식이고 노소동락형 음식이다. 또 바쁜 사람에게는 시간 절약용 음식이며, 입맛이 없는 사람의 기분전환용 음식이기도 하다. 인스턴트식품이라 웰빙 시대에 적절하지 않을 것 같지만 요리하기 쉽고, 먹기 쉽고, 설거지하기 쉬운 그 편이성 때문에 웰빙 시대에도 살아남은 음식이다.

라면은 그릇으로 치면 금이나 은그릇이 아닌 플라스틱 그릇이고, 청자 백자가 아닌 오지그릇이다. 오페라의 아리아가 아닌 대중가요이고, 순수 문예 작품이 아닌 통속소설이다. 비싸거나 귀해서 중요한 것이 아니라, 흔하여 쉽게 쓸 수 있으므로 가치가 있는 것이다.

사람은 어떤가? 내겐 장관이나 국회의원을 지낸 친구도 있고, 돈 많은 사장 친구도 몇몇 있지만, 매주 만나서 테니스를 즐기는 동네 친구가 더 좋다. 같이 있는 것만으로도 즐거운 친구, 흉허물 없이 농담을 주고받는 친구, 곁에 있을 때보다 없을 때 더 생각나는 친구, 이런 사람을 라면 같은 친구라 불러도 좋을 것 같다.

그렇다면 나는 타인에게 어떤 친구로, 어떤 사람으로 기억될까?

문득 부엌 쪽에서 달그락 달그락 시끄러운 소리가 났다.

'참 내가 지금 뭘 하고 있지?' 황급히 달려가 보니 냄비 주위에 수증기가 자욱하다. 물은 거의 다 증발하였고 이제는 냄비가 달아오르기 직전이었다. 급히 가스를 차단하여 불을 끄고는 숨을 돌렸다. 그리고 한참을 기다렸다가 다시 물을 끓인 후 라면을 집어넣는다. 그리고 이렇게 읊조리며 흐뭇한 미소를 지어본다.

"라면을 좋아하는 자는 복이 있나니 그들이 배부를 것임이니라."

(2009. 10. 22)

* 마음이 가난한 자는 복이 있나니 천국이 그들의 것임이요.(마태복음 5장 3절)

꿈을 찾아 남으로

꿈을 찾아 남으로 갔다. 봄과 여름이 스쳐 가는 5월 어느 날. 비가 오다 마다하는 날씨인데도 모두가 밝은 옷차림에 즐거운 얼굴이다. 내일은 맑을 것이라는 예보도 있었고, 또 맑지 않으면 어떤가? 집을 떠나 일상을 벗어나는 것만으로 마음이 날아갈 것 같은데. 누구나 살다 보면 흐린 날도 있고 비 오는 날도 있지만, 그래도 언젠가는 맑으리라는 희망을 품고 살아가지 않는가?

오전 6시에 31명의 노인을 태운 버스가 교회를 출발했다. 보길도를 향하여. 그곳에서 고산 윤선도의 꿈을 찾아보고자 나도 따라나섰다.

버스는 서해안고속도로를 이용하여 봄의 한가운데를 달려간다.

눈이 닿는 산과 들과 바다가 모두 봄에 잠겨있다. 길가의 꽃들이, 짙은 초록의 보리밭이, 그리고 검붉은 속살을 드러낸 땅이 봄기운을 아지랑이처럼 뿜어낸다. 그 기운에 취한 것인가? 아니면 바람이 난 것인가? 들뜬 마음을 가누지 못해 「어부사시사」의 한 구절을 흉내 내어 본다.

"붉은 것이 철쭉이고 노란 것이 유채인가? 과수원 하얀 꽃이 안갯속에 들락날락."

비가 오락가락하는 것은 육지만이 아니었다. 해남의 땅끝마을에서 탄 배에도 그리고 그 바다에도 마찬가지였다. 다도해 국립공원을 헤쳐 가는 배 위에서 빗속에 나타났다 사라지는 섬들을 보며 내가 지금 선계(仙界)에 들어선 것이 아닌가 하는 착각에 빠진다.

오늘은 24절기 중 곡우(穀雨)다. 옛사람들은 '곡우에 비가 오면 풍년이 든다.'고 했으니 올해도 당연히 풍년이 들 것이다. 비에 젖은 논밭에도, 비에 젖은 바다에도 그리고 비에 젖은 우리 마음에도 풍년이 들면 좋겠다. 서로 나누고, 같이 어울리는 그런 넉넉한 마음의 풍년이.

보길도. 전라남도 완도군의 작은 섬. 풍광이 아름다워 조선 중기의 문신 윤선도가 정착하여 말년을 보낸 곳으로, 그는 이곳에다 무릉도원을 세우려고 했던 것 같다. 물길을 끌어들여

호수를 만들어 세연지(洗然池)라 불렀고, 정자를 세워 세연정(洗然亭)이라 했다. 300여 년이 지난 지금도 그 일대를 '보길도윤선도원림(甫吉島尹善道園林)'이라 이름 붙여, 문화재(명승 제34호)로 관리하고 있다.

「어부사시사」가 은은하게 들리는 가운데, 입구에서 고인(古人)의 삶과 문학세계를 살펴본 후 안으로 들어가니 한 폭의 그림이 펼쳐진다. 세연지 주위로 기암괴석이 흩어져 있다. 어떤 것은 못 한 쪽에 우뚝 서서 폭포가 되었고, 어떤 것은 못을 가로막아 돌다리가 되었다. 그 외에도 못 주위에 앉았거나, 못 속에 반쯤 드러누운 것도 있다.

연못 한쪽에 팔작지붕의 정자가 있다. 세연정이다. 반가움에, 마치 고향 옛집에 돌아온 것 같은 반가운 마음에 단숨에 달려갔다. 그리고 사방을 두리번거리며 고인의 흔적을 찾아본다. 12개 기둥을 하나하나 쓸어안아도 보고 싱그러운 바람에 킁킁대기도 하지만, 어떤 흔적도 묵향(墨香)도 찾을 수 없었다. 다만 멀리 또는 가까이 서 있는 고목들 사이로 고인의 벗인 수석(水石)과 송죽(松竹)만이 기웃거린다. 달을 아직 오지 않았고.

정자를 내려와 그분의 행동을 흉내 내어 본다. 물가 바위에 앉아 햇볕도 쬐고, 연못에 손을 담그기도 한다. 또 고목에 기대어 어부사시사를 나직이 읊조리는데 문득 그의 꿈이 어부의 삶이었던가 하는 생각이 떠올랐다. 과연 그럴까?

아니었다. 그는 어부의 삶이나 어부가 되는 것을 전혀 꿈꾸지 않았다.

또 작품 중의 어부도 전문가가 아니었다. 어느 철 어느 바다에서 무슨 생선이 잡히는지 한마디 말이 없고, 거친 파도와 싸우며 물고기 한 마리를 더 잡으려 애쓰는 모습도 보여주지 않는다. 그저 경치 좋은 곳을 찾아 여유 작작 낭만을 즐기는 삶만 그리고 있다. 그렇다면 그는 강태공처럼 정치나 관직에 뜻을 두고 때를 기다린 것일까? 아니면 속세를 벗어난 신선 같은 삶을 꿈꾸었던가?

걸음을 재촉하는 뻐꾸기 소리에 세연정을 나왔다. 그리고 그가 살던 집인 낙서재(樂書齋)와 휴식하는 장소였던 동천석실(洞天石室)을 건성으로 둘러본 후 돌아가는 배를 타려고 그곳을 떠났다. 그런데 낮에 보는 이곳 어촌의 모습은 너무 낯설었다.

여느 섬과는 달리 집집이 자동차가 서 있고, 가끔 외제차도 보였다. 또 섬과는 어울리지 않는 골프 연습장도 있다. 요즘엔 섬을 떠나갔던 청년들이 다시 돌아온다고 한다. 이 바다에서 그들의 꿈을 이루려고.

이처럼 보길도는 생각과는 전혀 다른 섬이었다. 낚싯대를 맨 어옹(漁翁)의 유유자적하는 모습은 볼 수 없고, 작은 기중기를 실은 배가 '통통통' 바다를 누비는 활기찬 모습만 보였다. 환경도 바뀌어, 멀리서 볼 때는 그림 같이 아름다웠던 섬이 가까이 서 보니 결코 맑지도 깨끗하지도 않았다.

모두 양식(養殖)시설 때문이었다. 전복을 양식하는 작은 뗏목(?)이 바다를 가득 채웠는가 하면, 그 사이로 양식장의 작업선이 부지런히 돌아다닌다. 이곳 보길도와 이웃 노화도에서 생산되는 전복이 전국 생산량의 70%라고 하니 놀랍지 않은가?

맑은 바다가 사라져 안타깝긴 하지만, 달리 생각하면 이 때문에 모두가 잘살게 되었으니 오히려 다행인 것 같다. 꿈을 좇아 땀 흘리는 이곳 젊은이들의 검게 탄 얼굴과 거친 손이 더 아름답게 보이는 것은 나만의 착시(錯視)가 아닐 것이다.

언제 다시 올 수 있을까 하는 아쉬움을 남기고 돌아가는 길. 차마 고개를 돌리지 못하는 내 눈에 하얀 물거품이 들어온다. 파도를 헤치고 앞으로 나가는 배의 흔적이다. 어쩌면 나도 저 배처럼 금방 사라지는 거품 같은 흔적을 남기려고 애쓰고 있는 것은 아닌가? 우리의 삶이 다 그런 것 아닐까?

그건 아니었다. 고산 윤선도의 흔적은 3백 년이 흐른 후에도 저렇게 빛나고 있지 않은가. 이를 보면 그의 꿈은 오로지 문학, 아름다운 글로써 우리 마음을 순화시키는 것이었나 보다. 그 꿈이 결실을 맺어 「어부사시사」나 「오우가(五友歌)」 같은 국문학상 최고의 글이 태어났으리라. 이들은 지금도 한 구절 한 구절이 내게 잔잔한 감동을 주고, 나를 욕심 없는 세계로 이끌어준다.

잠깐이나마 내가 고인의 꿈을 잘못 이해한 것 같아 민망하다. 그 마음을 감추려고 억지로 고개를 돌려 앞을 본다. 끝없이 출렁이는 바다 저 편. 하늘과 맞닿은 그곳엔 수평선이 길게 누워 있다.

그리고 거기서, 내일 아침에도 해가 뜰 것이다. 우리에게도 꿈과 희망을 주는 찬란한 태양이 솟아오를 것이다.

(2016. 3. 21)

*꿈이 한 번도 실현되지 않았다고 해서 가엾게 생각하지 말라.
정말 가엾은 사람은 한 번도 꿈을 꾸어보지 않았던 사람이다.(에센 바흐)

산이 좋아

'산이 거기 있어 산에 간다.(Because it is there)' 영국의 산악인 조지 말로리의 말이다. '왜 산에 가느냐?'는 질문에 대한 대답으로는 좀 엉뚱하다. 그는 왜 그렇게 대답했을까? 한편 '무엇 때문에 산에 사느냐?'는 질문에(問余何事棲碧山), '대답은 않고 웃기만 하는(笑而不答心自閑) 사람'도 있었다. 산중문답(山中問答)의 작자인 시선(詩仙) 이백(李白)이다. 그는 또 왜 웃기만 했을까?

오늘날 많은 사람이 산에 간다. 조금이나마 이름난 산은 주말마다 몸살을 앓는다. 이들은 또 왜 산에 갈까? '산이 거기 있어서.'라고 대답하는 사람도 있으리라. 그러나 사람이 산에 가는 첫 번째 이유는 아마 어려운 산을 오르면서 그 성취감을 맛보는 것이고, 두 번째 이유는 잠시나마 혼탁한 이 세상을 벗어나고자 하는 심정 때문이 아닐까?

조지 말로리가 오른 산은 험하고 높은 산, 바로 에베레스트 산이었다. 그는 이 유명한 말을 남기고 에베레스트 산에 올랐다가, 결국 돌아오지 못했다. 그러고 보면 그가 산에 가는 것은 세계 최초의 에베레스트 등정이라는 성취감을 맛보려 한 것 같다.

이에 반해 시선(詩仙) 이백이 어느 산에 살았는지는 모른다. 다만 속세를 떠난 깊은 산이었을 것이다. 명리와 권세만 쫓는 세상, 모함하고 배신하고 탐욕만 부리는 이 세상보다 산이 더 좋다고 생각한 것 아닐까?

그래도 이백이 산에서 죽은 것은 아니다. 채석강에서 달을 건지려다 죽었다고 한다. 그러고 보면 그는 굳이 산만 좋아한 것이 아니라 물도 좋아했나 보다. 어쩌면 속세가 아닌 곳은 어디라도 다 좋아했거나.

나도 산에 간다. 내가 가는 산은 아파트 바로 뒤의 우장산(雨裝山)으로, 강서구 화곡동에 있는 해발 96m의 작은 산이다. 산 아래를 한 바퀴 도는 둘레길이 1,500m이고, 서울에서 '낙엽이 아름다운 길' 열 개중 하나로 꼽히지만, 서울 시민의 1%나 그 존재를 알고 있을까?

내가 산을 찾는 이유는 첫째로 건강을 위해서고, 둘째는 무언가를 생각하기 위해서다. 그러다 보니 굳이 높거나 험한 산을 찾을 필요가 없다. 오히려 늘 다니든 야산, 눈을 감고도 길을 잃지 않는 익숙한 산이 좋다. 작은 산을 매일 오르는 것이 건강에 더 보탬이 되고, 또 발에 익은 길을 걷다 보면 세상의 잡다한 일에서 벗어나 쉽게 몰입에 빠져드니까.

또 하나 빼놓을 수 없는 이유가 있다. 퇴직한 지 10년이 훌쩍 지난 내게 '3식(三食)*이'라느니, '방콕 시민*'이라느니 비아냥대는 아내의 눈총을 피할 곳이 딱히 없다는 것이다.

그렇다면 과연 산은 속세와는 달리 순수하고 깨끗할까? 그리고 그곳에서 속세를 떠난 편안함을 얻을 수 있을까? 내가 보기엔 그것도 아니다. 산에도 욕심이 있고 추함이 있고 비정함도 있다. 햇빛을 많이 차지하려 높게, 높게 키를 키우는 나무들의 경쟁은 차라리 정정당당하다. 그러나 낮은 곳에서부터 옆으로 가지를 벌려 햇빛을 독차지하는 탐욕은 사람에 못지않다. 자기를 지탱해줄 줄기는 만들지 않고, 남에게 기대어 살면서 잎만 무성한 덩굴 식물의 이기심은 또 어떤가?

바위도 마찬가지다. 바위는 터무니없는 고집을 부리며 절대로 양보하지 않는다. 사람에게도, 동물에게도, 바람이나 물에도…. 햇볕을 받지 못해 병들고 약한 어린나무나 풀의 애원에도 늘 모른척한다.

순간의 망설임 없이 자기보다 약한 것을 잡아먹는 동물 세계의 먹이 사슬. 그 비정함에 소름이 돋는다. 바람이나 눈·비는

---

* 3식이: 세끼를 다 집에서 먹는 사람.

* 방콕 시민: 방에 콕 박혀 사는 사람.

또 어떤가. 조금만 거슬리면 벌컥 화를 내어 나무를 꺾고 돌을 굴리며 산사태(沙汰)를 일으키는 광포(狂暴)함을 보여준다. 산이 속세보다 나은 점이 과연 무엇인가.

비록 이런 점이 있긴 하지만, 산은 이것을 덮고도 남을 만큼 좋은 점이 더 많다. 무엇보다도 산은 내가 너무 자주 온다고 구박하지 않는다. 오래 있다고 눈총도 주지 않고. 오히려 아침 저녁으로 얼굴을 바꾸어 가며 나를 반기고, 철 따라 옷을 갈아입으며 나를 환영한다.

그리고 산은 말이 없다. 보고도 못 본 체, 듣고도 못 들은 체, 알고도 모르는 체해준다. 나아가 산은 절대로 잘난 체하지 않는다. 물론 흉을 보거나 뒤에 숨어서 헐뜯고 비방하고 선동하지 않는다. 무책임한 말로 세상을 어지럽히지도 않고.

그렇다. 내가 산에 오르는 참 이유는 바로 이것이다. 거기서만은 누구의 눈치도 보지 않고 내 생각을, 돌아가는 세상사에 대한 내 울분을 다 털어놓을 수 있으니. 산은, 내가 비록 틀렸다고 해도 맞대어 반박하지 않고, 내 주장이 억지라고 해도 귀를 돌리지 않는다.

그래서 나는 산을 좋아하고 또 산에 간다.

(2014. 5. 25)

*건강은 최상의 이익, 만족은 최상의 재산, 신뢰는 최상의 인연이다. 그러나 마음의 평화보다 행복한 것은 없다.(법구경)

아름다운 세상

교회의 K권사가 삼(蔘)을 몇 뿌리 보내왔다. 이 나이에 보약을 먹은들 무엇 하랴. 손자 먹이라며 딸에게 보냈더니, 딸은 이것을 아이를 돌봐주는 J권사에게 주었다고 한다. 그 J권사는 또 투병 중인 사돈에게 선물했고. 주일 교회에서 이 말을 들은 K권사. 자기도 이것을 사돈에게서 받았다고 실토한다. 인삼 몇 뿌리가 무려 다섯 집을 돌았다.

다년생(多年生) 식물인 인삼은 봄에 새순을 내어 줄기와 잎을 만든다. 그리고 여름에 꽃을 피우고 열매를 맺는다. 가을이 되면 줄기와 잎이 말라 죽지만, 이듬해 봄에 다시 순을 낸다. 이것이 매년 반복되니 돌고 도는 삶이다. 뿐인가.

떨어진 잎과 줄기조차 다시 흙으로 돌아가 자기 몸체를 키우는 데 쓰이니 이 또한 순환이 아닌가.

빛과 열의 공급처인 해도 마찬가지다. 아침에 떴다가 저녁에 지고는 다음 날 아침에 다시 뜨는 순환을 한다. 달도 한 달을 주기로 하여 순환하고, 계절도 1년을 주기로 순환한다.

모든 생명의 원천인 물은 어떤가? 빗방울이 모여서 개울이 되고, 강이 되고, 바다가 되었다가, 다시 수증기가 되어 하늘로 올라가 구름이 되고, 비가 되는 순환을 계속해 나간다. 자연계에는 그 외에도 바람의 순환, 조류(鳥類)나 어류(魚類)의 순환 등 살펴보면 순환이 많다. 이렇게 우리는 순환 속에 살아가고 있다.

또 우리의 삶에도 순환은 있다. 우선 몸속의 혈액이 순환하고 더불어 호흡을 통해 공기도 순환한다. 또 아침과 저녁, 낮과 밤으로 생활이 반복되니 그것도 순환이다. 유행도 순환하며, 경제 흐름에서 경기가 순환하고, 후진국에선 빈곤도 순환한단다. 비록 악순환(惡循環)이긴 하지만….

그러나 애석하게도 삶 자체는, 인생은 순환을 못 한다. 노년에서 다시 유년으로 돌아갈 수가 있다면 참 좋을 텐데. 영원한 순환이 아니라 단 한 번만의 순환이라도 있다면 정말 좋을 텐데. 거의 모든 사람은 삶의 끝자락에서 후회한다. 그러나 단 한 번이라도 되돌릴 수 있다면, 그 후회할 일을 다 고치면서

멋지게 살다 갈 것 같다.

물론 이런 생각은 이룰 수 없는 꿈이요, 터무니없는 공상이다. 그러나 육신(肉身)의 순환은 안 되더라도 마음의 순환 즉 정(情)의 순환은 가능하지 않을까? 앞의 인삼 선물은 한 집 한 집 돌 때마다 정이 덧붙여졌다. 다섯 집을 다 돌아봐도 어느 하나 부자는 없는데.

선물이 아니라도 좋다. 친절한 말이나, 고맙다는 인사 한마디 또는 작은 양보 같은 것이 돌고 돈다면, 지금보다 훨씬 더 아름다운 세상이 될 것 같다. 나아가 내 용서가 다른 용서를 낳고, 그 용서가 또 다른 용서를 낳는 사랑의 선순환(善循環)마저 이루어진다면….

마음을 가다듬어야겠다.

(2014. 6. 2)

*쓸데없는 욕심을 버리도록 힘써라. 곧바로 형언할 수 없는 만족감과 아울러 행복을 얻을 것이다.(에픽테로스)

어느 고독한 새벽에

창밖은 고요하다. 움직이는 것은 하나도 없는 아파트 정원. 밤새 어둠과 싸우던 두 개의 정원 등(庭園 燈)만이 졸린 눈으로 서 있을 뿐, 바람도 새도 나무도 다 새벽잠에서 깨어나지 못하고 있다. 불 꺼진 창가에서 이를 보고 있는 내 마음속으로 상념(想念)이 물결처럼 밀려든다. 잠들지 못하는 밤이, 그리고 새벽이 나를 고독하게 만든다.

황혼 고독이 사회문제로 떠오르고 있다. 65세 이상의 자살자 수가 연간 4,400명에 달하여 매일 12명 정도가 자살한단다.

이는 OECD국가 중 1위라고 한다. 노인뿐만 아니다. 얼마 전에는 이름을 날리던 운동선수 한 사람이, 또 몇 년 전에는 인기 절정의 배우였던 그 아내도 자살했다. 좀 더 거슬러 올라가면 전직 대통령 한 분도 자살했고. 아직도 한창인 그들이 왜 자살했을까? 어쩌면 그들도 고독 때문에 그랬을까?

그런가 하면 미국 오리건 주에선 한 청년이 총기를 난사해 9명을 숨지게 한 사건이 있었다. 총기 소유가 비교적 자유로운 미국에서는 가끔 일어나는 일이다. 그 청년도 친구 하나 없는 외톨이로, 고독이 원인이었다고 한다.

국내외에서 이렇게 여러 문제를 일으키는 고독을 한 때는 낭만으로 생각하기도 했다. 본래 고독이란 '혼자 있어 쓸쓸한 것'을 뜻하지만, 통신 문명이 엄청나게 발달한 오늘날은 혼자 있다고 쓸쓸한 것이 아니다. 누구나 휴대전화만 있으면 온 세상의 친구와 얘기를 나눌 수 있고, 게임으로 몇 시간을 즐겁게 보낼 수 있으니. 그렇다면 왜 고독이 사라지지 않고 이렇게 사람을 쓸쓸하게 만들고 나아가 죽게까지 하는가?

고독은 인간관계가 원활하지 못한 사람, 즉 소외된 사람을 좋아한다.

그리고 마음 문이 열렸을 때가 아니라 닫혔을 때 찾아든다. 학교에서 친구들에게 소외된 학생, 소위 왕따 당하는 학생은 고독하다. 또 가정에서 가족들에게 소외된 할아버지도 고독하다.

지난 토요일에도 외손자들이 왔다. 그러나 저들도 이제는 컸다고 인사만 꾸벅하고는 저희끼리 어울려 논다. 같이 온 두 딸도 마찬가지로 안방에 들어가 제 엄마하고만 얘기한다. 이제 할아버지는 그들의 안중에도 없다. 내가 들려주는 옛날얘기보다 TV만화가 더 재밌고, 내 삶의 경험보다 인터넷에서 얻는 지식이 훨씬 더 유익한 탓이겠지.

이처럼 가족에게서마저 소외된다 생각하니 섭섭함과 더불어 내게도 고독이 걷잡을 수 없이 몰려든다. 내 존재가치가 팍팍 떨어지고, 그들을 위해 살아왔다는 자부심마저 와르르 무너지니 지나온 삶조차 허무해진다. 삶의 허무는 영혼마저 고독하게 만드는 것 같다.

아내와의 관계도 마찬가지다. 침대가 다른 방으로 이사한 지 오래고, 등이 가려워도 대나무 긁개가 더 손쉽다. 대화를 시도해보아도 겉돌기만 하고, 결국 상대의 흠을 잡거나 자존심을 세우다가 언성이 높아지는 것으로 끝나고 만다. 마주 앉아 커피를 마셔 본 것이 언제던가? 꽃을 보며 같이 웃고, 낙엽을 보며 같이 안타까워하던 그 순수한 마음은 다 사라진 것 같다. 왜 이렇게 되었을까?

문득 고독이 발생하는 상황은 다양하지만, 그 근본 원인은 단 하나, '바로 사랑의 부재(不在)'가 아닐까 하는 생각이 들었다. 사랑이란 본래 희생을 바탕으로 존재하는 것인데, 나이가 들면서 희생은 줄어들고 이기심만 늘어가니 사랑이 식어갈 수밖에.

아내는 내가 정년퇴직으로 집에 있는 시간이 늘어난 것이 못마땅하고, 어쩌다 한 번쯤 눈에 거슬리는 것을 말이라도 하면, 이를 간섭이나 잔소리로 받아들여 싫어한다. 그러니 사랑이 식어갈 수밖에.

아빠나 할아버지에 대한 딸과 손자들의 사랑이 식어 가는 것은 어쩌면 당연하다. 자라나는 만큼 사랑의 대상이 늘어가는 데서 오는 현상일 것이다. 비록 완전히 식은 것은 아니라도 최소한 관심의 우선순위에서 밀려난 것은 틀림없다. 그건 어쩌면 나도 마찬가지인 것 같다.

며칠만 있으면 퇴원한다고 큰소리치던 친구 K가 죽었다. 그도 고독을 이기려고 큰소리쳤던 것 아닐까? 그때 좀 더 곁에 있어 주었어야 했는데. 또 세상 저 너머에 이곳보다 더 좋은 곳이 있다는 것도 알려주었어야 했는데. 어쨌든 이렇게 하나둘 돌아오지 못하는 길로 떠나는 친구들이, 또 그냥 그렇게 보내는 나 자신이 나를 울적하게 만든다.

창밖은 아직도 고요하다. 등불도 여전히 지친 모습으로 서 있고. 이슬에 젖은 낙엽이 여기저기 흩어져 있는 것을 보니 계절은 분명 가을이다.

그렇다면 이 새벽에 내가 고독한 것은 가족이나 친구 탓이 아니라 계절 탓이라고 해도 되지 않을까? 요즘 가을은 그저 쓸쓸하기만 할 뿐, 사랑할 것이라곤 하나도 없는 계절이다.

(2013. 1. 22)

* 지혜로운 사람은 자기의 행위 속에서 행복을 찾는다.(M. 아우렐리우스)

지하철 단상

지하철 2호선은 초록의 노선(路線)이다. 차체가 초록색 띠를 두르고 있고 노선도(路線圖)에도 언제나 초록으로 표시된다.

또 지하철 2호선은 순환선이다. 시청을 출발하여 을지로, 동대문, 잠실, 강남, 영등포 등 도심(都心)의 43개 역을 안팎으로 빙빙 돌고 있다. 그리고 지하철 2호선은 음악을 자주 들을 수 있는 노선이기도 하다.

열차가 당산역을 지나 한강 위를 달려가는데 복도 끝으로부터 귀에 익은 찬송가가 들려온다. 이어 검은 안경을 쓴 초로의 여인이 목에 녹음기 같은 작은 음향기기를 매고 나타난다. 거리의 악사(樂士), 아니 2호선의 음악가라 할까. 삶의 고통을 혼자 다 겪은 듯, 지친 얼굴과 찌든 차림새가 동정심보다는 거부감을 일으킨다.

얼른 지갑을 꺼내 보았으나, 천 원짜리가 하나도 없다. 지갑을 넣고 이쪽저쪽 호주머니를 뒤져 보는데 백 원짜리도 손에 잡히지 않는다. 다시 손을 주머니에 넣어 만 원짜리를 꺼낼까 망설이다가 손을 빼고 만다.

기대를 하고 잠시 내 앞에 서는 듯하던 여인이 지나갔다. 그 여인은 어떻게 생각했을까? 시각장애인이니까 보지는 못했겠지만, 혹시 아니었다면? 어쩐지 속셈을 들킨 것도 같아 낯이 화끈거린다.

마음이 편치 않았다. 만 원을 그냥 바구니에 넣어버릴 걸 그랬나? 한 번쯤 그런다고 해서 내 생활에 큰 지장을 주지는 않는다. 하지만, 그렇게 했을 때 주위 사람들의 시선을 감당하기가 부담스러울 것 같다. 그들은 나를 통이 큰 사람이라고 존경할까? 어리석은 사람이라고 비웃을까?

그렇다고는 해도 어려운 사람 돕겠다는 생각이, 겨우 만 원 때문에 손을 멈춘 것은 너무 옹졸한 것 같다. 주위의 시선을 의식하여 내 뜻대로 하지 못한 점도 비겁해 보인다. 적은 돈의 동정(同情)은 베풀지만 조금 많은 돈의 동정은 베풀지 않는 행위는 또 얼마나 위선적인가? 내 동정심은 겨우 천 원이 한도인가?

베풂의 가치는 금액의 다소(多少)가 아니라 사랑의 유무(有無)에 달려있다고 마음을 달래본다. 교만한 마음으로 내미는 만 원보다 사랑을 담아 전하는 천 원이 더 가치가 있다고 생각한다. 그 여인이 내게 바라는 것은 약간의 돈이겠지만, 하나님이 내게 바라시는 것은 '돈을 주는 손에다 사랑을 더 얹어주는 마음'일 것이다. 따뜻한 웃음, 부드러운 목소리 그리고 다정한 손길 등으로 나타나는….

오늘 나는 지하철의 음악가에게 백 원짜리 하나도 주지 못했다. 그뿐 아니라 다정하게 손을 잡아 주거나 부드러운 목소리로 위로하지도 않았다. 오히려 지친 모습에 거부감을 느꼈고, 시각장애인인지를 의심했다. 또 당사자보다는 주위의 시선을 더 의식했다. 구제금(救濟金)을 줄 생각은 했으나, 따뜻한 마음을 줄 생각은 전혀 하지 못했었다.

그렇다면 어떻게 해야 할까? 잘못은 당연히 고쳐야겠지만, 실행하기는 쉽지 않을 것 같다. 돈 천 원이 문제가 아니라, 거기에 사랑을 담는다는 것이 정말 어려운 일이다. 알면서도 고치지 못하는 나의 한계를 깨닫는다.

이제부터는 천 원짜리 몇 장을 따로 준비해 두어야겠다. 빳빳한 새 돈으로. 설날 손자에게 세뱃돈을 주는 마음으로 한 장씩 나누어주자. 내 마음을 알면 어떻고 모르면 또 어떠랴. 어떻든 나는 다시는 '물질로 구제하는 자'가 아닌 '사랑을 나누는 자'가 되어야겠다고 다짐한다.

차에서 내리는데 저 앞에 구세군의 자선냄비가 보인다. 모든 것을 다 예비해 두시는 하나님이시다. 혹시 그곳에 내 마음도 함께 넣을 수는 없을까?

(2008. 12. 23)

*사람이 자기가 하는 일에서 행복을 찾기 위해서는 먼저 그 일을 좋아해야 하고, 그렇다고 그 일을 지나치게 해서는 안 되며, 무엇보다 그 일이 성공하리라는 생각을 품고 있어야 한다.(J. 러스킨)

충주호에서

산중이라 일출이 늦는가? 산도, 나무나 새도 다 잠에 빠져 있는 아침. 마을을 깨우는 수탉의 울음도, 낯선 손님을 반기는 까치 소리도 없다. 숨을 죽이고 귀를 기울여야 풀벌레 소리만 들릴 뿐.

풀잎에 매달린 이슬이 바짓자락을 적시지만, 호숫가의 땅과 바위와 드러누운 나무가 젖어 있는 것은 그 때문이 아니다. 간밤에 호수가 땅으로 올라왔다 갔기 때문이다. 아직도 미련이 남았는지 조용히 다가와 입을 맞추려 한다. 아침 호수는 이렇게 잔잔하고 또 부드럽다. 오른쪽 산머리 위로 구름이 붉어지니 해가 뜨려나 보다. 산속의 아침은 꼭대기에서부터 시작된다.

아직도 햇볕이 미운 8월 하순, 늦더위를 피하려고 충주호를 찾았다.

충주 시내를 벗어나 충주댐을 향해 가다 호수를 끼고 우회전 한 후 숲길을 한참가면 만나는 외딴집. 산을 등지고 아래로 호수와 닿아있는 작은 펜션에 여장을 풀었다.

소나무 사이로 보이는 한낮의 호수는 녹색이다. 그러나 자세히 보면 가운데는 푸르다. 왜 그럴까? 산을 담고 있는 부분은 산(山) 물이 들어 녹색이 되었고, 하늘을 담고 있는 부분은 하늘 물이 들어서 파래졌을 뿐이다. 멀리 보이는 물결이 은색인 것도, 물결에 하얀 햇빛이 스며들어서 그런 것이리라. 담고 있는 물건의 색깔을 그대로 보여주는 호수는 어린아이처럼 정직하다. 마음에 품고 있는 생각을 전혀 드러내지 않는 어른들과는 달리.

유람선을 타고 호수 가운데로 들어갔다. 가에서 볼 때와는 다르게 물의 일렁임을 느낄 수 있었다. 내륙의 바다라고 하며 크기를 자랑하는 충주호. 호수는 첩첩산중에, 세 겹 네 겹으로 둘러싼 산속에 있다. 그러나 그것은 겉모습일 뿐, 속을 들여다보면 그렇지 않다. 오히려 호수가 주변의 산을 품고 있다. 그리고 하늘과 구름까지도. 산과 하늘을 다 품고 있는 호수의 속은 얼마나 넓고 깊을까. 하늘보다 더 넓고 산 높이보다 더 깊지 않은가?

모터보트가 한 대, 그리고 수상스쿠터 2대가 유람선을 스쳐

간다.

저들은 왜 저희끼리 놀지 않고 큰 물결을 일으키며 유람선 주위를 돌아다니는가?

아마 자랑하고 싶어서일 것이다. 자랑하고 싶은 마음, 그것은 누구나 가지고 있는 사람의 본성이다. 그러나 호수는 그렇지 않다. 빗방울로 시작하여 냇물로 강물로 흘러오는 동안 얼마나 많은 풀과 나무의, 새와 물고기와 어린 짐승들의 갈증을 풀어주고 또 자라게 해 주었는가를 자랑하지 않는다. 누가 알아주지 않더라도 묵묵히 맡은 일을 다 하고 있다.

충주호는 1985년 충주댐의 건설로 생겨난 인공호수로, 충청북도 충주시, 제천시, 단양군에 걸쳐 있다. 소양호에 이어 크기는 두 번째고, 발전량은 첫 번째라 한다. 이 호수를 이루는 물은 남한강 물이다. 태백시의 검룡소에서 발원한 물이 정선군, 영월군을 거치면서 주변의 많은 산과 골짜기의 물을 받아들여 강이 되어 충주호로 들어온 것이다.

물길을 더듬어보면 이 호수에 얼마나 많은 사연이 녹아들었는지 짐작할 수 있다. 물길에 청령포가 있으니 단종(端宗)의 원(怨)이 서렸을 것이고, 대관령에서 비롯된 송천과 합류했으니 아우라지 뗏목꾼의 한(恨)도 섞여 있을 것이다. 어디 그뿐이랴. 수몰로 말미암아 고향을 잃은 사람들의 안타까운 마음도 잠겨 있지 않을까? 호수는 이렇게 수많은 사람의 모든 사연을 다 받아 준다. 옳고 그르고, 깨끗하고 추하고를 따지지 않고 넓은 마음으로 포용해 준다. 물이 말 없는 것도, 물이 무거운 것도 이 때문일 것이다.

서쪽 하늘에 노을이 사라지면 붉게 타오르던 호수도 밤 옷으로 갈아입는다. 밤의 호수는 괴괴하다. 조용히 어둠이 더 깊어지기를 기다리고 있다. 그러다 주위의 산들이 다 검게 변하고 잇달아 하늘마저 캄캄해지면, 호수는 또 다른 아름다움을 보여준다. 그 속에서 하나 둘 별이 나타나 보석처럼 빛난다. 또 산속 외딴집의 불빛도 같이 어울린다.

그 호수에 나를 비춰본다. 나는 과연 저 물처럼 부드럽게 살았던가?

또 정직하게 그리고 겸손하게 살고, 넓은 마음으로 다른 사람을 사랑하며 그 아픈 사연들을 품어주었는가? 작은 일에 화를 내고, 좁은 마음으로 시기하며, 남의 아픔이 아닌 나 자신의 불평, 원망 등 온갖 응어리만 품고 있는 것은 아닌가?

호수가 가만히 있다고 해서 잠든 것이 아니다. 할 일을 끝냈다고 안식을 기다리고 있는 것은 더욱 아니다. 며칠 동안 자기를 돌아보며 마음을 굳힌 호수는 97m댐 아래로 몸을 던진다. 품고 있던 모든 정념, 원과 한과 애(哀)와 수(愁)를 물안개로,

구름으로 승화시키고는 산산이 부서진다.

그뿐 아니라 떨어지고 깨어지는 그 아픔의 대가로, 어둠을 밝히는 빛(電光)과 약한 자를 돕는 힘(電力)을 얻어낸다. 이 얼마나 위대하고, 이 얼마나 숭고한 희생인가?

그렇다고 호수가 죽는 것은 물론 아니다. 바닥에 떨어진 그 물은 아픔을 참고 다시 모여 새 흐름을 시작한다. 머리를 북쪽으로 돌려 여주, 양평을 지나 양수리에서 북한강과 만나고 서울을 거쳐 바다로 들어간다. 어쩌면 우리의 삶도 이와 같지 않을까? 비록 바닥까지 떨어졌다 하더라도 스스로 끝났다고 생각하기 전에는 끝이 아닌 것 아닐까?

(2011. 9. 17)

* 자기의 사명을 발견하고 그 일에 신념을 가진 자는 행복하다.(J 칼라일)

베이징 올림픽

2008베이징 올림픽을 통해 우리는 많은 것을 얻었다. 금메달 열세 개와 세계 7위라는 자긍심 그리고 성취감과 자신감 등등. 특히 기대하지도 않았던 야구의 금메달은 가슴 벅찬 감동과 환희를 가져다주었다. 동메달이라도 따면 다행이라 생각했었는데.

야구는 모든 참가국의 예선 리그를 통해 상위 네 팀을 고른 후, 1위와 4위 그리고 2위와 3위의 준결승전과 거기서 이긴 팀끼리의 결승전으로 금메달, 은메달을 결정했다. 물론 진 팀끼리의 동메달 결정전도 있었고.

대전(對戰) 상대는 일곱 개 나라. 그중 미국과 쿠바와 일본의 실력은 우리보다 위고, 캐나다와 대만은 우리와 비슷했다. 중국과 네덜란드가 조금 쉬운 상대였다. 그러나 예선 일곱 경기 중 네덜란드전을 제외한 모든 경기가 살얼음판을 걷는 듯 조마조마하게 진행되었다. 결과는 7전 전승으로 1위였으나 하나같이 아슬아슬했다. 준결승전에서 일본을, 결승전에서 최강 쿠바를 다시 이긴 것도 실력도 실력이지만, 운이 좋았다고 아니 기적이었다고 말할 수밖에 없을 것 같다.

피와 땀으로 일궈낸 금메달을 목에 건 선수들은 말할 것 없고, 감독과 코치들도 같은 찬사를 받아 마땅하다. 영광을 누릴 자격이 있다. 그러나 우리의 승리에 결정적인 역할을 한 사람이 하나 더 있었다는 것은 아무도 모르리라. 경기 내내 TV를 보지도 못하고 응원한 나를 두고 하는 말이다. 과연 내가 아니었다면 이 메달을 딸 수 있었을까?

내게는 묘한 징크스가 있다. 내가 중계를 보고 응원을 하면 그 팀은 반드시(?) 지는 현상이다. 그래서 나는 우리 선수의 경기를 직접 보지 못하고 언제나 재방송만 본다. 몇 년 전 한일 월드컵도 우리의 경기를 보지 못했고, 또 내가 중계를 보지 않았기에 우리 팀이 4강까지 올라갔었다.

이번 야구경기도 마찬가지였다. 미국과의 예선 경기가 다 끝난 줄 알고 TV를 켰는데, 기다렸다는 듯이 그때부터 미국이 우리를 따라잡는다. 설마, 설마 하다가 역전당하는 것을 보고 황급히 TV를 끄자, 얼마 안 되어 온 아파트가 떠나갈 듯한 승리의 함성이 터져 나왔다. 실력 차가 많아 쉽게 이기리라 생각한 중국전이 연장전까지 간 것도, 8점이나 앞섰던 대만전이 6

회에 동점이 된 것도 다 내가 TV를 본 탓일 것이다. 준결승전이나 결승전을 보았다면 어떻게 되었을까? 다른 사람은 다 몰라도 나는 결과를 안다.

왜 이와 같은 일이 일어날까? 내가 TV를 보고 안 보고 하는 것이, 수만 리 떨어진 베이징의 야구 경기에 어떻게 영향을 준단 말인가? 현실적으로도 과학적으로도 불가능한 일이다. 내가 보든 안 보든 이길 게임은 이기고, 질 게임은 진다. 다만 지는 것을 두려워하는 마음이 만들어내는 상상일 뿐이다.

정말 그럴까? 머리는 그렇다고 인정하는데, 마음은 흔쾌히 받아들이지 않는다. 차라리 세상만사를 홀로 결정하시는 하나님께서 '내가 TV 중계 같은 세상 오락에 깊이 빠져드는 것을 막기 위해서거나, 아니면 내게 전달하려는 특별한 메시지가 있어서가 아닐까?'라는 생각이 강하게 든다.

'내가 응원하는 팀을 지게 하시는' 하나님의 참뜻은 '내가 승자(勝者)의 편에 서서 희희낙락(喜喜樂樂)하지만 말고, 패자(敗者)의 편에도 서서 그들을 위로하고 격려하라'는 것 같다. 내가 이런 생각을 말했더니 우리 목사님께서는 "편하게 시청하세요. 이기면 좋고 진다고 기분 나빠 하지 마시고…" 하신다. 아이고, 목사님! 그럴 수만 있다면 내가 왜 이런 징크스에 시달리겠어요?

흐뭇한 마음으로 베이징 하늘에 태극기가 올라가는 것을 보고 또 본다. 환호하는 응원단 및 국민의 모습과 함께, 금메달을 목에 걸고 양손을 흔들며 환히 웃는 선수들의 대견스런 모습이 보인다. 얼마나 자랑스러운가? 얼마나 사랑스러운가?

한편 이긴 자가 사람들에 둘러싸여 즐거워하는 그 시간, 진 자들은 고개를 숙이고 눈물 흘린다는 사실을 여태껏 깨닫지 못했다. 한 번도 그들의 쓰라린 마음을 생각해보지 않았고, 어떤 위로나 격려를 보내지 않았다. 뒤돌아보면 내게도 실패는 많았는데.

'그래 이제부턴 달라지자. TV도 당당히 보고 이기면 이기는 대로 함께 기뻐하고, 져도 실망 말고 그들을 격려하며 더 응원해주자. 가까이서는 직접, 멀리서는 마음으로라도. 기도로라도.'

세상 모든 일이 다 승부이고 경쟁이다. 올림픽이 아니고 운동경기가 아니더라도, 우리 주위에는 늘, 이기는 자와 지는 자가 생겨난다. 그때마다 나는 내 주위의 진 자에게도 다가가 손을 내밀고, 말을 들어주며, 그들의 편이 되어주자고 다짐해 본다. 어쩌면 이번 베이징 올림픽에서 얻은 가장 값진 수확인지도 모르겠다.

예수님께서도 이긴 자와 함께 즐거워하시고, 진 자와 함께 아쉬워할 것이다.

(2008. 10. 22)

* 우리에게 준 신의 뜻은 사람이란 행복하게 살아야 한다는 것과 타인의 삶에도 깊은 관심을 가지라는 것이다.(J 러스킨)

눈을 들어

"누구나 올바른 자세만 가지면 많은 병을 예방하거나 치료할 수 있다."

지난 설날, TV에서 J대학 병원의 P교수가 한 말이다. 병 없이 건강하게 살기를 바라는 것은 인지상정. 대수롭지 않게 생각했던 한두 개의 잘못된 자세 때문에 발생하는 많은 질병에 놀라 채널을 돌리지 못했다.

"올바른 자세란 앞에서 볼 때 어깨가 어느 쪽으로도 기울지 않는 자세고, 옆에서 볼 때 머리, 목, 어깨 그리고 허리가 일직선을 이루는 자세다. 그러나 현대인은 양쪽 어깨높이가 다른 사람이 80%나 되며, 머리에서 허리까지 일직선을 이루는 사람은 하나도 없다."

나도 모르게 고개를 끄덕였다. 우리는 일상생활에서 늘 고개를 숙이고 있지 않은가? P교수의 말에 의하면, 고개를 숙이면 목 뒤의 관절이 부담을 받아 근육이 뻣뻣해지고 뭉치게 된다. 이 현상이 계속되면 목이나 어깨의 통증을 일으키고 나아가 목 디스크나 어깨 디스크로 진행된단다. 오십견이 생기는 것도 같은 이유고….

또 뇌로 올라가는 산소 공급이 줄어들어 두통과 함께 다른 뇌 질환을 일으킨다고도 했다. 그 밖에도 등과 허리의 통증, 골반과 넓적다리관절 질환, 어지럼증, 이명, 팔 저림 현상, 한쪽 눈의 피로와 더불어 시력감퇴까지 가져온다고도 했다.

고개를 숙이면 가슴이 움츠러든다. 그 결과 폐와 심장과 위장이 압박을 받아 숨이 차고 피로가 쉽게 오는가 하면, 가슴이 답답해지고 소화도 잘 안 된단다. 단지 고개를 들지 않은 데서 오는 질병이 이 정도다.

나는 어떤가? 거울에 비춰보니 오른쪽 어깨가 약간 높다. 옆모습도 고개가 앞으로 기울여졌으며 허리도 구부정하다. 얼마 전까지 오른쪽 어깨가 아파 팔을 제대로 휘두르지 못한 것도 이 때문인 것 같다. 가끔 속이 답답하며 소화가 잘 안 되는 것도….

그뿐 아니다. 방광에 돌이 생겨 수술한 것이 3년이 채 지나지 않았는데, 이번에 검사해 보니 또 돌이 생겼다고 한다. 이것도 자세 탓이란다. 젊은 시절부터 늘 의자에 앉아서 일했고 퇴직 후에도 하루 중 대부분의 시간을 앉아서 보내고 있다. 그 결과 잔뇨(殘尿)가 생기고 그것이 시간이 지나면서 돌로 굳어진다는 담당 의사의 말이다.

이런 질병은 잘못된 자세를 바로잡는 것만으로 예방할 수 있다. 앞의 경우는 고개만 들어주면 된다. 고개를 듦으로 뒷목의 긴장도 풀리고 근육이 뭉치는 것도 예방될 터이니. 내 경우는 서 있는 시간을 늘려야겠지. 많이 걸어 다녀야겠다.

위를 보고 걷자. 새해 첫날 TV앞에서 다짐했던 말이다. 위를 보면 고개가 들리고 허리도 꼿꼿하게 되어 자세가 발라질 것이다. 또 어지간한 거리는 차를 타지 않는다면 서 있는 시간이 늘어날 것이다. 그러나 한 해의 마감을 눈앞에 둔 오늘까지 그 간단한 것 하나도 이루지 못하고 있다.

고개를 들면 그 밖에도 좋은 점이 있다. 그 하나는 먼 곳을 볼 수 있다는 것. 주변의 온갖 지저분한 것들이 아니라, 먼 산과 하늘을 볼 수 있다. 오늘이 아니라 내일의 희망을 바라보며 현실을 헤쳐 나갈 수 있으리라.

다른 하나는 가슴이 펴진다는 것. 가슴이 펴지면 마음마저 활짝 열리게 된다. 열린 마음은 매사에 적극적이고 긍정적인 사람으로 만들어줄 것이다. 적극적이고 긍정적인 사고는 성공하는 사람의 필수요건이 아닌가?

삶에 있어서 건강만큼 중요한 것은 없다. 바른 자세로 건강을 유지하여 행복의 발판을 만들자. 그렇다 하더라도 육신의 건강만으로 행복해지는 것은 아니다. 바른 마음에서 나오는 마음의 건강도 있어야 할 것이다.

다시 한 번 마음을 다진다. 눈을 들어 하늘을 보자고. 높고 그윽한 저 하늘은 어떤 경우에도 흔들리지 않는다. 또 그 위에 떠 있는 구름은 어떤 경우에도 욕심을 내거나 고집을 부리지 않는다. 저들의 마음을 본받아 내 마음도 바르게 하자. 불평도 원망도 하지 않으며 범사에 감사하며 사는 것. 그것이야말로 행복으로 이끌어주는 바른 마음 자세가 아닐까?

(2010. 1. 11)

* 우리의 행복은 십중팔구 건강에 의해 좌우된다. 건강은 바로 모든 즐거움과 기쁨의 원천이다.(쇼펜하우어)

발문

동화의 미학이자 동행에의 행복론(幸福論)

오창익
(문학박사·創作隨筆 발행인)

수필집 『행복한 사람은 발걸음이 가볍다』의 자서(自序)에서 작자 이한재 님은 이렇게 고백한다. "제 글의 애독자는 모두 아홉입니다. 제1의 애독자는 단연 어머니입니다. 그 다음은 아내이며, 두 딸과 두 사위가 뒤를 잇고, 또 세 손자도 끼워줍니다."라고.

그러니 작가 이한재 님의 수필은 분명 가족과 하나 되어 늘 화목함으로 즐겁고, 그 즐거움으로 감동을 자아내는, 빛 고운 '동화(同化)의 미학(美學)'이다.

또한 앞의 자서에서 작자는 "제 글의 기본 주제는 '행복 찾기'입니다. 물론 글마다 나름의 주제가 있지만, 전체적인 주제는 그 행복 찾기에 두었습니다. 누군가가 내 글을 읽고 조금이나마 행복해진다면 보람될 것입니다."라고, 거듭 거듭 행복을 강조하고 있으니 분명 그의 수필은 가족은 물론 장인과 장모님, 동서들 그리고 목사님과 여러 교우들이 손에 손 잡고 걸어가며 주고받는, 정스런 '동행(同行)에의 행복론'이라 할 수 있다. 감동적이다.

따라서 주어진 제재(題材)에 동화함으로써 그를 자기화(自己化)하고 나아가 생(生)의 의미부여를 새롭게 하는 장르가 수필문학이라면, 동화의 미학이자 동행의 행복론을 기조로 하여 글을 쓰는 그는 분명 우리 전통 문학의 맥을 잇는 유능한 작가다. 아니, 수필가가 아닌 '수필문학가'임에 틀림이 없다.

해서, 그의 수필에서는 늘 인간미(人間味)와 인간애(人間愛)로 승화된 미적(美的) 감동, 그 감동에의 뜨거운 전율이 묻어난다. 어느 작품, 어느 행간에서도.

감축 드린다. 『행복한 사람은 발걸음이 가볍다』의 상재(上梓)에 뜨거운 박수를 보낸다.